여름 맥주 영화

여름 맥주 영화

유성관

일토

목차

프롤로그. 시작 _6

명왕성 _13
어떤 맥주를 좋아하세요? _22
썸네일 항해 _32
프리 가이의 음악 _37
더 트립 투 마이클 니만 _44
춘천, 춘천 _52
퇴근 후 오른쪽 _60
안녕, 내일 또 만나 _66
안다는 것의 개인화 _76
도시, 전주 _85
6월의 완벽한 맥주 _97
누가 먼저 연락을 하는가 _104
날씨의 아이러니 _110
심연의 영화 1: 놀람의 법칙 _116
심연의 영화 2: 등대의 느낌 _122

하찮은 초능력 _128

사랑은 가도 친절은 남는다 _137

바 안단테 _143

모두 거짓말을 한다 _149

평범한 맥주가 할 수 있는 일 _155

없는 글 _162

애매한 시간 혼자 펍에 간다는 것 _168

나만의 조각 _175

어른의 손 _181

에브리씽 에브리웨어 올 앳 원스 _187

가성비의 세상 _194

12월, 파주의 오후 5시 _203

낡은 새해 _210

하늘빛 분홍빛 부천 원미동 _216

부산, 맥주, 봄 _222

에필로그. 쿠키 _232

프롤로그　시작

취향에 대해 열정적인 편은 아니다. 무엇을 좋아하느냐는 질문에 별 설명 없이 무언가를 정말 좋아한다고 답한 적이 거의 없다. 그건 그런 면이 좋고, 하지만 이건 좀 마음에 들지 않고, 그래도 그만하면 괜찮은 거지. 이런 식의 대답을 늘어놓게 되는데, 나의 취향을 슬쩍 엿보고 싶었던 질문자는 이미 실망하는 눈치다. 하지만 가끔 확실한 취향의 순간이 나를 찾아오기도 한다. 그와 관련된 아주 오래전 일이지만 지금도 기억나는 에피소드가 하나 있다.

군대에서 선임들과 외박을 나갔을 때, 제물포역에서 한 선임이 나에게 물었다. "술 뭐 좋아해?" 군기라는 것도 작용했겠지만 나는 망설임 없이 군더더기 없는 한 문장으로 "맥주를 좋아합니다"라고 답했다. 나에게는 잘 없었던 확신의 순간이었다. 그 선임은 "확실해서 좋구만, 사람은 그렇게 확실하게 좋아하는 게 있어야 해." 이런 말을 해줬던 걸로 기억한다. 군대라는 곳이 그렇듯 늘 '무서움'을 담당하는 사람이 있기 마련인데, 그 선임이 그런 캐릭터였고, 그래서 그에게 칭찬을 받는다는 것은 꽤 의외의 일이기도 했다.

'나는 언제부터 맥주를 좋아했을까?'라는 질문은 늘

있다. 지금도 좋아하고, 남들보다 비교적 일찍 크래프트 맥주에 관심을 가졌는데 정작 그 시작은 언제였더라? 그럴 때마다 1994년 제물포역이 떠오르며, 굉장히 확신을 가지고 좋아한다고 말했던 그때, 난 그때도 맥주를 좋아했었구나, 생각하게 된다.

우리가 흔히 치킨과 함께 먹는 그런 맥주 말고도 다양한 맥주가 있다는 걸 알게 된 후, 그걸 크래프트 맥주라고 부른다는 걸 알게 된 후, 나는 D와 함께 맥주를 찾아다니기 시작했다. 2010년대 초반으로 기억한다. 경리단길의 맥파이가 생긴 지 얼마 되지 않았을 때 찾아갔고 (외국인이 서빙을 했는데 와이파이 비밀번호가 뭐냐고 물었더니 beerbeer를 너무 빨리 말해서 몇 번을 다시 물어봤다), 당시 롯데백화점에는 히타치노 맥주를 비롯해서 '좀 다른' 맥주들을 쇼케이스에 모아놓기도 했는데 그 맥주들을 살피고 또 사 먹기도 했으며, 본사에서 인증받은 펍을 굳이 찾아가 기네스를 마셔보기도 했다. 그리고 '사실 맥주의 성지는 서울이 아닌 원주에 있는데 그 이름도 무시무시한 크라켄이래'라는 정보를 듣고 역시 D와 함께 1박 2일의 여정으로 원주 크라켄을 가기도 했다. 다 비슷한 시기였을 것이다. 당시 크라켄의 쇼케이스에는 듣도 보도 못한 맥주들이 즐비했는데, 나중에 알고 보니 브루독 브루어리의 맥주들이었다. 지금도 어떻게 그게 가능했는지는 잘 모르겠다.

크라켄의 내부는 당시 유행했던 세계 맥줏집과 크게 다르지 않았다. 적당히 어둑했고, 한쪽에는 다트판이 걸려있었으며, 사람들은 흥을 돋울 만큼 많았고 시끌벅적했다. '그래도 여기가 성지라는데 뭘 먹어야 하지?'라는 생각으로 메뉴판을 보니 역시나 모르는 맥주들이 많았다. '추천을 받자.' 홀 서버가 선택해 준 맥주는 벨기에 애비 맥주 플로레페 두벨이었다. 지금은 벨기에 수도원 맥주를 그다지 좋아하진 않는다. 너무 찐득한 느낌이고 무슨 맛인지 딱 잡을 수 없는 복잡미묘한 향이 머리를 아프게 한다. 너무 다크한 느낌도 있고. 무엇보다 비싸다.

당시 홀 서버는 벨기에 맥주지만 화사한 꽃 향이 나는 맥주라고 추천했다. 꽃 향이 나는 맥주라니 너무 신기한걸, 하는 마음으로 두근거리며 병에 든 맥주를 잔에 따랐다. 색이 짙었다. 흔히 말하는 흑맥주 색이었다. 그리고 살짝 맛을 보는데, 정말 화사한 꽃 향이 나는 것이었다. D와 나는 동시에 "와 맛있다"라고 말했던 것 같다. 색은 기네스인데 맛은 전혀 다르니 그때만 해도 정말 특별한 맥주였고, 이런 맥주를 마시러 멀리 원주까지 왔으니 어느 정도 보상심리도 있었겠지만, 그걸 다 떠나서도 당시 나에게 플로레페 두벨은 아주 맛있는 맥주였다. 도수도 제법 세고 찐득하고 어두운 향이었는데, 처음에 제법 확실한 꽃 향이 올라오니 신세계를 여는 느낌이었다. 플로레페 두벨을 마시고는 또 다른 맥주를 주문했는데 불행하게도 그 맥주는 기억나지 않는다. 늘 처음이 쉽게 기억나는 법이다.

맥주에 대한 확실한 '호'를 표현했던 것이 1994년 제물포역이었다면, 나에게 크래프트 맥주의 시작은 크라켄에서 마신 플로레페 두벨이 된다. 이후 이태원과 경리단을 중심으로 생기는 크래프트 펍을 돌아다니기 시작했고, 브루잉을 배우기도 했다. 그리고 그 관심과 애정은 지금도 여전한 것 같다.

10여 년이 지난 지금, 한국의 맥주 시장은 많이 달라졌다. 거품이 일다가 훅 꺼지는 것도 있긴 하지만, 어쨌든 제법 다양한 맥주를 마실 수 있게는 되었다. 크래프트 펍이 속속 생겨나고, 지방 곳곳에 개성 있는 마이크로 브루어리들이 들어서는 중이다. 맥주와 관련된 단행본도 와인이나 커피 버금갈 정도로 많이 나오고, 맥주 전문 잡지도 출간되고 있다. 매년 몇 개의 크래프트 맥주 페스티벌도 성업 중이다.

그리고 나는 여전히 맥주를 좋아하는 사람 정도로 맥주를 상대하고 있다. 브루잉은 더 이상 하지 않고 맥주 전문가를 공인하는 씨서론 자격증을 따기 위한 공부도 하지 않았다. 홉의 종류에 따라 아로마를 구분하고 효모의 복잡한 이름을 외우고 해외의 유명 브루어리들을 줄줄 읊는 마니아도 아니다. 그저 남들보다 조금 더 맥주에 관심이 있고 좋아하는 중년일 뿐이다. 그런데 그러다 보니 내 일상이 맥주와 붙는 경우가 종종 생긴다. 그 면적은 클 때도 있고 아주 작을 때도 있다. 하지만 평범하기만 한 내 일상에 맥주 하나가 들어오면 조금은 달라지는 것 같기도 하다. 그래서 그런 이야기들을 하나둘 풀어보면 어떨까, 하는 생각이 들었다.

맥주에 대한 전문적인 이야기는 거의 없을 것이다. 다만 대한민국 중년의 재미없는 삶이 어떤 맥주와 연결되는지, 그리고 그간 내가 마셔본 맥주 중에서 맛있다고 생각한 맥주들이 무엇인지를 소개하는 자리가 될 것 같다. 직업이 직업인지라 영화와 연결되는 이야기도 좀 있을 것이다. 그 외 나의 다른 취향들을 늘어놓을 수도 있다. 지금은 어떻게 진행될지 모르겠지만(누가 알겠는가!) 아무튼 이렇게 시작한다.

명왕성

태양계의 가장 끝에, 제일 작은 막내가 명왕성이라는 이름으로 있었다. 너무 멀고 작아서 제대로 된 사진도 없었던 명왕성은 2006년 더 이상 행성이 아니게 된다. 왜소행성으로 강등되어 버린 것이다. 그러니까 이제 우리는 어색하기 짝이 없게 '수금지화목토천해'에서 멈춰야 한다.

명왕성이 행성이 아닌 이유를 듣고 보면 또 그럴듯하다. 명왕성을 행성으로 간주한다면 앞으로 10번째, 11번째로 계속 늘어날 행성이 많아질 수 있다는 거다. 관측 기술이 발전하면서 카이퍼 벨트에 속하며 태양을 공전하는 명왕성 규모의 왜소행성들이 발견되기 시작했다. 대표적인 것이 에리스다. 심지어 에리스는 명왕성보다도 컸다. 결국 천문학자들은 모여서 결정을 해야 했다. 수십 년간 우리의 식구와도 같았던 명왕성을 퇴출해야 하는가. 퇴출하지 않는다면 에리스를 10번째 행성으로 등극시켜야 하는가. 그렇지 않다면 왜 명왕성만 특별해야 하는가. 놀랍게도 당시 회의에 참여했던 천문학자 중 대다수가 퇴출 쪽으로 투표했다 한다. 그날로 명왕성 혹은 플루토는 왜소행성 134340이라는 번호를 부여받게 된다. 나름 카론, 닉스, 히드라 등의 위성을 거느리고 있었던 명왕성은 그렇게 지위가 하락한다. 물론 위성들 또한 이름을 빼앗기고 134340I, 134340II, 134340III이라는 번호로 식별되고 있다.

얄궂게도 명왕성이 행성 자격을 박탈당하기 6개월 전인 2006년 1월, 명왕성을 탐사하기 위한 뉴허라이즌스호가 지구를 떠났다. 명왕성이 좀 더 일찍 왜소행성으로 재분류 되었다면 이 프로젝트도 무산되었을까. 하지만 이미 뉴허라이즌스호는 지구를 떠난 상태였다. 그렇게 9년 동안 명왕성을 향해 나아갔다. 그리고 2015년, 드디어 도착한 뉴허라이즌스호는 처음으로 제대로 찍힌 명왕성 사진을 보내왔다. 명왕성의 선명한 사진은 공개되자마자 화제가 되었는데, 표면의 얼음이 마치 거대한 하트처럼 보였기 때문이다. '너희는 나를 버렸지만, 나를 찾아와준 너희에게 하트를 보내줄게.' 차가운 우주, 태양계의 가장 먼 곳에서 막냇동생이었다가 이젠 남이 되어버렸다고 재분류한 지구인들에게 명왕성은 그렇게 말을 건넨다. 만약 뉴허라이즌스호 프로젝트가 좀 더 일찍 시작되어 천문학자들이 명왕성의 하트를 봤었다면, 그 결정이 달라졌을까. 아마 아니겠지.

명왕성은 여러모로 조금 특별한 존재다. 태양계의

암석형 행성(수성, 금성, 지구, 화성)을 지나 가스형 행성(목성, 토성, 천왕성, 해왕성)을 거쳐 다시 불쑥 나오는 암석형 행성이다. 또 황도 기준 17.8도 기울어진 궤도로 공전하는 행성이기도 하다. 이렇게까지 기울어진 공전 궤도는 명왕성이 유일하다. 248년의 공전주기 중 20년은 해왕성 궤도 안쪽으로 들어오기도 한다. 사실 그때는 '수금지화목토천명해'였던 것이다.

명왕성은 1930년 클라이드 톰보에 의해 발견되었는데 9개의 행성 중 유일하게 미국에서 발견된 행성이기도 했다. 하지만 플루토, 그리스 신화에서 하데스에 해당하는 저승의 신 이름을 붙인 건 영국의 꼬마였다. 그래서 잇따라 발견된 명왕성의 위성들에도 카론(죽은 사람의 영혼을 배에 태워주는 사공), 닉스(카론의 어머니이기도 한 어둠의 여신), 히드라(머리가 아홉인 뱀)의 이름을 붙인 것이다. 차갑고 어두운 태양계의 끝에서 외롭게 돌고 있는 암석 행성에 어울리는 명명이 아닌가.

또 다른 연결. 혹시 디즈니의 만화에 나오는 개 플루토를 기억하는가. 로브 라이너의 〈스탠 바이 미〉에서 꼬마들이 토론하듯, 디즈니 캐릭터 중 구피와 같은 '개'임에도 혼자 의인화되지 못하고 그저 애완견으로만 사는 묘한 존재. 그 플루토도 명왕성이 발견된 바로 그해 1930년에 만들어졌다. 하지만 행성과 캐릭터 사이의 정확한 관계는 알려져 있지 않다. 소소한 것들투성이지만 이렇게 특별한 존재였기 때문에, 그리고 그만큼 작은 존재였기 때문에 사람들은 명왕성이 퇴출당하는 것에 대해 남다른 감정을 가졌을지도 모른다. 자기 손으로 퇴출을 선택했지만 천문학자들도 자신이 꼬마였을 때 외웠던 '수금지화목토천해명'의 마지막 음절을 제거하는 것이 아무렇지만은 않았을 것 같다.

뉴허라이즌스호가 명왕성을 촬영한 2015년, 내가 종종 가던 온라인 티셔츠 숍에서 느닷없이 뉴허라이즌스호 명왕성 접근 기념 티셔츠를 내놨다. 그전까지는 '맥주 줘!' 이런 개그 티셔츠만 만들어오던 곳이 어쩐 일인지 명왕성을 앞면 한가득 박아 넣은 티를 만든 것이다. 물론 당장 샀다. 입을 때마다 주위 사람들은 그거 달이냐, 확신에 가득 찬 사람은 그거 달이죠, 조금 더 디테일한 사람들은 〈이티〉에 나오는 바로 그 달이냐고 물어봤다. 그럴 때마다 명왕성이라고 대답하지만 "이젠 명왕성이 더 이상 행성이 아니고 왜소행성으로 강등되었는데 얘를 뉴허라이즌스호가…"라는 말을 하기 전에 그들은 이미 뒤를 돌아 가던 길을 갔다. 사실 왜소행성으로 강등된 명왕성에 짠한 감정을 갖는 인간들이라 봐야 지극히 소수일 것이다. 그러던 중 유일하게 회사 후배 H가 관심을 보였다. 에리스의 존재도 알고 있던 H에게 어떻게 에리스를 아느냐고 물으니 "우리는 명왕성 팬이니까요"라고 웃으며 답했다.

태양을 248년 주기로 공전하는 지름 2,370킬로미터의 암석 덩어리가 늘 다니던 길을 묵묵히 돌고 있는데 누군가 이름을 지어주며 자격을 부여했다가, 75년 만에 다시 자기네들끼리 쑥덕거리더니 자격을 박탈하고 이름도 빼앗는 것. 사실 우주의 나이로 봤을 때 그 자격이 부여되었던 시간은 찰나에 불과할 것이다. 그리고 그 암석 덩어리는 자격이 있었건 없었건 여전히 자기가 다니는 길을 그저 오늘도 지나가고 있다. 지금도 검은 우주를 멀리서, 제법 큰 원을 그리며, 어쩌면 페일 블루 닷을 가끔 바라보며 태양을 돌고 있을 것이다. 그렇게 생각하면 짠한 기분도 나 편하라고 갖는 일방적인 감상일 뿐이다.

나이 차이가 꽤 많이 나긴 했지만, 코드가 맞아 대화 상대로 즐거웠던 H와는 퇴근 후 펍에도 종종 가곤 했다. 그중 아산에 있다가 서울로 상경한 브루어리304에도 갔었다. 그곳에 H와 간 이유는 단 하나, 플루토 블론드 에일이 있기 때문이었다. 플루토 블론드 에일은 브루어리304에서 양조한 고유 맥주다.

브루어리304가 아산에 있을 때부터 나는 플루토 블론드 에일이라는 작명에 매료되어 그 맥주를 어디서 마실 수 있는지 찾고 또 찾았다. 홈페이지에 들어가면 내 반경에서 갈 수 있는 펍에 제법 납품을 하고 있었지만, 정작 찾아가면 플루토는 없고 브루어리304의 다른 맥주만 있곤 했다. 그 맥주들은 특별하지 않았고, 때로는 실망스러웠다. 그러다 전주국제영화제 방문 중 객사길 거북선브루잉을 들렀는데 바로 거기 탭에 플루토 블론드 에일이 떡하니 있는 게 아닌가. 떨리는 마음에 아무에게도 권하지 않고 (누군가 맛없다며 산통을 깰까 봐) 혼자 그 맥주를 주문했고, 너무나 만족스러워 같이 온 사람들에게도 그제야 안심하고 추천했다. 그리고 그들도 만족했더라는 훈훈한 결말.

심지어 같은 해 6월, 그 맛을 잊지 못하고 무주산골영화제에서 서울로 올라오는 길 아산의 브루어리304에 가서 플투로 블론드 에일을 사오려고 SNS 쪽지로 문의했는데, 다음날 답이 왔다. 서울로 자리를 옮기는 작업을 하고 있어 지금 아산은 문을 닫은 상태라고. 하필이면 가는 날이 장날이었지만 조금 기다리면 가까운 곳으로 올 테니 그건 기대가 되는 것이었다. 제발 강남만 아니어라. 그러더니 몇 개월 후, 서대문 영천시장 안에 브루어리304가 문을 열었다.

황금빛의 시트러스 계열의 향이 나는 화사하고 기분 좋게 마실 수 있는 그 맥주를 왜 플루토라고 작명했는지는 알지 못한다. 명왕성에서 떠오르는 어떤 심상이 이 맥주와 일치하는가를 억지로 맞추려면 맞출 수도 있겠지만, 역시 그건 억지 같다. 다만 아산에 있을 때 주소가 304번지여서 브루어리304라 작명한 걸로 아는데, 304라는 숫자와 134340이라는 숫자가 어느 정도 애너그램으로 일치한다고 볼 수 있어 그렇게 플루토를 소환했나 싶기도 한 것이다. 물론 이것도 억지다. 잘 안다. 사장에게 한 번만 물어보면 해결될 것을, 그걸 하지 않고 있다.

후배 H와 나는 브루어리304의 마지막 손님이 나간 후까지 신나게 떠들며 맥주를 계속 마셔댔다. 한 해가 저물던 12월의 어느 날이었다고 기억한다. 그러다 시계를 보니 시간이 너무 많이 흘러 둘 다 시장 골목으로 나섰다. 차가운 공기가 엄습했다. 근처 서대문역까지 종종걸음으로 걸었다. 아마도 술기운 때문이었겠지만 플랫폼까지 무언가에 관해 이야기하며 내내 웃다가 헤어졌다. 그때까지만 해도 이 후배와 다시 브루어리304에 와야겠다고 생각했다.

지금 후배 H는 퇴사하고 다른 직장으로 옮겼다. 가끔 연락은 닿지만 사람 사는 것이 늘 그렇듯 잘 만나지 못하고, 연락의 주기가 길어지면서 서로 잊게 될 것이다. 지구에서 59억 킬로미터를 날아 명왕성에서 12,500킬로미터 떨어진 곳까지 근접한 뉴허라이즌스호는 지금쯤 명왕성을 지나 카이퍼 벨트 어딘가를 헤매고 있을 것이다. 가끔 명왕성과 뉴허라이즌스호의 조우를 상상할 때가 있다. 적막한 우주에서 한참을 떠돌던 우주선이 작은 암석 덩어리를 비로소 만나고, 허용하는 수준까지 가깝게 접근했다가 할 일을 다 한 다음 다시 각자 제 갈 길을 가는 시간. 그 후에도 하나는 여전히 태양을 돌 것이고, 하나는 앞으로 20년간 유영하며 성간여행을 하게 될 것이다.

어떤 맥주를 좋아하세요?

맥주에 에일이란 스타일이 있다는 건 제법 알려진 사실이 되었다. 에일이 본격적으로 국내에 소개된 게 10년이 조금 넘었을 텐데, 그만하면 빠른 속도다. 그러나 그 대중화라는 것이 워낙 봄이 오는 강가의 살얼음 같아 아는 사람들은 많아졌을지 몰라도 그냥 알기만 하는 정도까지인 게 또 대부분이라, 발품을 팔아 크래프트 맥주를 먹으러 가는 인구는 여전히 소수다.

지금도 IPA의 유래를 이야기하면 "와 그래요, 재밌네요"라는 말을 듣는다. 어쩌면 내가 청자의 상사이거나 선배이기 때문에 내 말을 처음 듣는 척 재미있어하는 거일 수도 있겠고, 이 말을 친구 L에게 하니 "넌 술 먹다가 사람들에게 그런 소리를 하고 있냐, 어이구" 하는 걸 보니 마지못해 흥미로운 척한 거였을 수도 있겠지만, 그래도 그중 몇 명은 진짜 재미있게 들었던 사람도 있을 것이다.

그렇다 보니 사람들에게 나는 술자리에서 맥주만 마실 거라는 선입견이 있다. 뻔히 소주가 어울리는 자리에서도 상대는 내 눈치를 보며 '소주 안 드시죠? 맥주 드실래요?'라는 표정을 짓는다. 그럴 때마다 나는 '소주도 좋아합니다'라는 티셔츠를 제작해서 입고 다녀야 하나 싶지만, 온화한 표정으로 소주도 잘 먹는다고 말하고, 마시고, 취한다.

맥주 좋아하신다면서요, 소주도 잘 드시네?

네, 아까 말했잖아요. 소주도 좋아한다고.

난 맥주는 배부르기만 해서 싫던데, 맥주가 다 똑같지 않나?

맥주도 여러 가지가 있거든요.

아! 요즘 에일 맥주? 그런 것도 있던데 팀장님은 그런 거 드시는 거죠?

네, 그죠. 근데 에일도 되게 다양하긴 해요.

아, 그래요? 그럼 팀장님은 어떤 맥주를 좋아하세요?

에일이란 게 있는지도 몰랐을 때, 라거 중에서도 인터내셔널 페일 라거만 맥주인 줄 알았을 때, 그러니까 카스나 클라우드, 테라 같은 맥주 말이다. 그때는 맥주가 특별히 맛있다는 생각을 한 적이 없다. 그저 시원하게 먹는 음료형 술이라 먹었을 뿐이다. 아니면 그 자리가 재밌었거나. 광고에 나오는 광기에 사로잡힌듯한 그 흥겨움은 꼭 맥주와 연결되지 않던가. 나도 그렇게 즐거울 수 있다는 생각을 했을지도 모르겠다. 다 떠나서 여름밤

벌컥벌컥 시원하게 들이키는 쾌감은 단연 맥주가 최고였다.

그러다 맥주에도 다양한 스타일이 있다는 걸 알게 되었다. 아마도 밀 맥아가 들어간 바이스비어를 많은 사람이 잘 알고 또 자주 마실 텐데, 맛있기도 하지만 효모에서 나는 바나나 향이 너무 들쩍지근해서 그다지 호감이 가지는 않았다. 그리고 바이스비어는 퍽 걸쭉한 느낌이 있어서 안 그래도 배가 부른 맥주가 더 배부른 느낌이라 그 포만감이 부담스럽기도 했다. 거기에 향을 더한 블랑이나 블루문 같은 벨기에식 밀맥주는 처음 먹을 당시 화장품을 마시는 것 같아 정말 싫어했다. 지금도 아주 가끔 마시긴 하는데, 이미 너무 다양한 맥주를 마셔본 터라 예전 같은 거부감까지는 아니지만 여전히 선호하는 스타일은 아니다. 차라리 도수가 높아 알코올이 다른 캐릭터를 지워주는 비투스 정도면 애호하는 맥주라 부를 만하다.

통칭 흑맥주로 불리는 스타우트 혹은 포터 스타일도 있는데 역시 너무 단맛이 나는 것들은 내 취향이 아니다. 스타우트와 포터는 맥아를 오래 로스팅한 맛을 뽑아낸다. 그래서 색이 검고, 보통 커피나 초콜릿 캐릭터를 떠오르게 한다. 달다는 이야기다. 거기에 바닐라 향이 들어가 있는 경우도 많다 보니, 마치 액체로 된 디저트를 먹는 느낌이다. 이렇듯 대다수의 스타우트가 달아서 입에 맞지 않는데, 그중 임페리얼 스타우트는 그 캐릭터가 더 심화한 버전에 알코올 도수도 높은 거라 더더욱 입에 잘 대지 않는다. 이 술은 딱 한 잔을 마실 때 가능한 술이다. '부어라 마셔라' 하다가는 지갑과 간이 동시에 망가진다.

스타우트에도 드라이한 스타일이 있다. 그 대표 선수가 기네스다. 혹자는 다소 심심하다고 말하지만 나는 좋아한다. 크래프트 펍에서도 단맛이 싹 제거되고 오래 구운 몰트의 느낌이 많이 나는 찐득한 느낌의 스타우트를 가끔 맛볼 때가 있는데 그건 매우 선호한다. 접하기는 쉽지 않은데 최근 을지로 외계인 펍에서 마신 스타우트가 이쪽에 가까워서 종종 생각이 난다.

그다음 만날 수 있었던 건 벨기에의 다양한 맥주들, 거기에 좀 더 심화해서 들어가니 트라피스트(수도원 양조) 맥주가 있었다. 와인, 커피 모두 그렇지만 맥주라는 것에는 매뉴얼처럼 어떤 맛이 난다, 하는 것들이 있다. 바이스비어의 바나나 향, 스타우트의 커피나 초콜릿 향, 그리고 다음 단락에서 말할 테지만 IPA의 화사한 과일 혹은 꽃 향 같은 것들. 물론 완벽하게 이게 딱 그 향은 아닐지라도 어딘가 연상되는 향이 있으며 그 향을 분리해서 각각 이야기할 수 있을 거 같은데 벨기에 맥주들은 좀 신기하다. 딱 그렇게 나눠서 이게 무슨 무슨 향 혹은 맛이 난다고 말하기가 매우 어렵다. 소양 부족일 수도 있겠으나 아무튼 현재까지도 어려운 게 솔직한 마음이다.

걸쭉하고 짙은 색의 트라피스트 맥주를 먹고 있으면 뭔가 한꺼번에 확 섞인 것들이 들어오는 느낌이다. 그래서 이 중에 무슨 향과 맛이 있는지를 구분할 수가 없다. 테이스팅 노트에 적을 것이 없다. 흔히 건과일 맛이 난다고들 한다. 건자두, 건포도 등. 그렇게 알고 먹으면 또 그러려니 하겠는데 정말 이게 그거 맞나? 그 명료하지 못함. 약간은 음흉하고 숨어있는 느낌. 벨기에 맥주가 모두 트라피스트 맥주는 아니지만, 수도원이라는 속성 때문인지 중세를 배경으로 하는 수많은 소설 속에 나오는 비밀스러운 그런 독한 술이라는 느낌. 나에겐 그 정도다. 차라리 벨기에 맥주 중에서는 농주로 불리었던, 바이스비어처럼 효모 캐릭터가 도드라지는 세종 맥주를 더 좋아한다.

그다음 만난 것이 IPA이다. 우선 화사한 홉 향과 쓴맛이 도드라지는 아메리칸 IPA, 그중에서도 캘리포니아 지방을 중심으로 전성기를 구가한 웨스트코스트 IPA를 주로 마셨고, 발라스트 포인트의 스컬핀을 마시며 이 시트러스한 신세계는 무엇이란 말이냐며 많은 사람들에게 간증하기 시작했다. 센테니얼 홉에서 오는 시원한 열대 과일 향의 맥주를 한참 마시다, IPA의 원조는 영국이라는데 그럼 영국 쪽은 어떤가 하고 시도했지만, 같은 IPA라는 이름만 가지고 있을 뿐 맛이 전혀 달랐고 내 취향이 아니었다. 흙냄새, 풀냄새가 난다는데 그게 솔직히 뭔지는 아직도 모른다.

그렇게 미국식 IPA만 마시다 자극에 또 자극을 찾기 위해 더블 IPA로 올라갔다. 이는 물론 알코올 도수와 쓴맛이 점점 배가된다는 말이다. 그렇게 혀가 지칠 무렵 뉴잉글랜드 IPA라는 걸 알게 되었다. 뉴잉글랜드 IPA는 컵에 따르면 굉장히 뿌예서 헤이지 IPA라고도 불린다. 펄펄 끓는 맥즙에 홉을 넣는 것이 아니고, 대량의 홉을 냉침하듯 우려내기 때문에 화사한 맛은 극대화하되 쓴맛은 거의 제거된 스타일을 말하는데 그래서 마치 홉 주스를 마시는 것 같다는 말도 한다. 뉴잉글랜드 IPA 역시 나에겐 신세계였고, 다른 사람들처럼 공룡 그림으로 유명한 토플링 골리앗 브루어리의 킹수를 좋아한다. 뉴잉글랜드 스타일로 크래프트씬의 왕좌를 뺏긴 서부에서 다른 스타일의 IPA를 만들기도 하고 그중 드라이함의 극치인 브뤼 맥주를 내놓기도 하는데, 처음에는 깔끔한 느낌이었으나 먹을수록 혀가 말리는 느낌이 나서 그다지 선호하지는 않게 되었다.

그러다 사우어 쪽으로 간 적이 있다. 맥파이에서 고제 맥주를 처음 마시며 온갖 인상을 쓰던 나를 기억하는 D가 나중에는 고제 맥주가 맛있더라며 뻔뻔하게 말하는 나를 놀리기도 했는데 사실 고제는 시면서도 짠 맥주이기도 하다. 그래서 균형이 잘 맞는 고제를 마실 때는 특유의 감칠맛으로 아주 큰 쾌감을 느끼게 되는데, 내 기준으로 그 밸런스는 아주 미묘해서 같은 브랜드의 고제라도 양조할 때마다 달라지는 것 같다. 아직도 언젠가 제주 맥파이에서 먹었던 고제만한 것이 없다.

사우어 하면 한국 사우어의 명가 와일드웨이브에서 만든 맥주들도 많이 있는데, 지금은 사라진 연남동 입구 어떤 펍에서 와일드웨이브의 설레임을 처음 접했다. 그때 앞에는 내가 정말 맥주에 정통한 걸로 알고 있던 사람이 앉아있어서 설레임을 마신 직후 엄습해오는 신맛에 당황한 내 표정을 감추기 위해 갖은 노력을 해야만 했던 기억이 떠오른다. 지금까지도 나에게 사우어는 다소 어렵고 미묘하며 까다로운 그런 스타일이 되어 버렸다. 하지만 적응이란 걸 하게 되었고 람빅이나 괴즈, 발리와인, 베를리너 바이세 같은 스타일을 마셔보면서 '아, 뭐 이 정도면 먹을만하다'는 생각을 하면서도 '내가 왜 돈 내고 먹으면서 먹을만한 거에 만족해야 하지?'라는 생각을 하며 살짝 접게 되었다. 그래도 적당히 신맛이 있는, 내 기준으로는 괴즈 정도의 맥주는 식전주로서 입맛을 돌게 하는 술로 아주 제격이고 지금도 매우 좋아한다. 그 외 앰버에일, 블렉에일, 레드에일 같은 것들도 물론 시도해 봤지만 애매한 느낌이고 그리 선호하지 않는다. 난 역시 몰티함보다는 호피함 쪽이다.

    여기까지가 내가 마셔본 맥주 스타일의 큰 줄기다. 그중 질문의 답을 위해 가장 좋아하는 맥주를 꼽는다면 큰 고민 없이 아메리칸 IPA라고 말하겠다. 처음 접했던 화사한 홉 향의 신기함이 아직도 잊히지 않으며 센테니얼홉의 시트러스 향을 여전히 좋아한다. 웨스트코스트의 올드한 맛을 좋아하기도 하지만, 간혹 날카로운 쓴맛에 '헉'할 때가 있고, 그런 이유로 주스처럼 쭉 들어가는 누군가는 네파라고, 또 누군가는 뉴잉이라고 하는 뉴잉글랜드 (I)PA 스타일이 지금은 조금 더 좋다. 그래서 나에게 수많은 스타일의 맥주들을 쭉 늘어놓고 이 중 하나만 마실 수 있다고 한다면 난 뉴잉을 고를 것이다. 그 지나친 향에 살짝 질릴 즈음엔 아마도 괴즈나 세종, 혹은 헬레스를 골라 입을 씻어줄 거 같다. 물론 위스키 배럴 에이징된 귀한 향의 임페리얼 스타우트 같은 것도 호사스럽게 마셔보고 싶지만, 파인트 한 잔 마시기가 버겁다. 취한다기보다는 그 전에 살짝 질린다. 그러고 보니 잠시 잊고 있었는데 겨울철에는 독한 보크 비어도 좋아한다. 보크는 어쩐지 겨울에 어울리는 술이다.

좋아하는 맥주 스타일을 궁리하다 보니 내가 그간 접한 맥주를 정리하기에 이르렀다. 이렇게 늘어놓으니 참 많이도 마셨다. 이런 다양하고 비싼 맥주들은 신세계 와인앤모어에 가면 그나마 찾아볼 수 있는데 상미기간이 임박해 반값세일을 하는 맥주를 사는 것이 생활의 팁이다. 와인앤모어에서 수많은 맥주를 나에게 조달한 D에게 갑작스럽고도 새삼스럽게 이 글을 바친다.

썸네일 항해

누구였더라. 등장인물 중 한 명이 섬진강 변에서 기쁨의 만세를 외치는 것으로 대하소설 『토지』는 마지막 문장을 맺는다. 오래전 박경리의 『토지』 5부작을 읽으면서 수개월 동안 서희, 길상 그리고 그 주변의 인물들과 함께 여러 장소, 여러 시간에서 살았다. 책의 마지막, 일본이 패망했다는 소식을 들은 서희는 온몸을 죄고 있는 쇠사슬이 후드득 떨어지는 느낌을 받는다. 책을 덮은 나에게는 커다란 세상 하나가 닫히는 그런 느낌이 몰려왔다. 수개월에 걸쳐 함께 한 유장한 콘텐츠에 집중했기에 가능한 일이다.

요즘 그와 정반대 위치에 있는 것이 쇼츠, 릴스다. 즐기는 사람들에게는 미안하지만, 쓰레기라는 걸 알면서도 5초 남짓의 콘텐츠를 넘기고 넘기면서 결코 벗어나지 못한다. 무한한 콘텐츠를 계속 넘기며 다음엔 좀 더 재미있는 게 나오리라는 기대가 엄지를 아래에서 위로 올리는 스와이프의 원동력이 된다. 재미있는 게 나올 때도 있지만 (그래서 10초 정도 보기도 하지만) 그렇다고 아주 만족스럽지는 않고, 다음엔 뭐가 있나 넘기고 또 넘기다 보면 (그래서 5초 만에 넘겨버리고) 한 시간이 훌쩍 지나 있다. 머리가 썩는다. 그러다 현타가 오고,

상당히 힘들게 스와이프를 중단하고 핸드폰을 옆으로 치운다. 뭔가 생산적인 걸 하고 싶어 침대 머리맡 스툴에서 한 달 넘게 버티고 있는 그리 두껍지 않은 책을 펼쳐보지만, 집중은 되지 않는다. 내 머리는 이미 5초짜리 영상에 최적화가 되었는지 모른다.

이와 연결되는 것이 OTT 썸네일 항해다. 분명히 무언가를 보고 싶어서 TV를 켜고 넷플릭스건 왓챠건 애플TV플러스건 일단 플랫폼을 연다. 그러나 정확히 무엇을 보기 위해 OTT 플랫폼을 열지는 않는다. 대부분은 그렇다. TV를 켰는데 지상파, 종편 프로그램들은 모두 그냥 그렇고, 시간은 좀 있는데 매달 꼬박꼬박 지출되는 구독료 본전은 뽑아야겠고, 그래서 일단 열고 보는 것이다. 플랫폼의 UI는 조금씩 다르지만 기본적으로는 내가 재미있게 볼 거라는 콘텐츠를 상단에 올려 나열해 놓는다. 심지어 이 영화는 내가 꼭 보고 싶었던 거니 언젠가는 보고 말겠다는 의지로 스크랩한 썸네일들도 이미 많다. 그러나 리모트컨트롤의 좌우상하 버튼을 현란하게 움직이면서도 쉽사리 썸네일 위에서 확인 버튼을 클릭하지 않는다. 왜일까.

시간이 남아서 OTT 플랫폼을 열었지만 과연 나에

게 할당 가능한 연속된 시간이 두 시간이 되는가에서부터 자신이 없다. 관람 유력작 썸네일을 클릭해 러닝타임을 보고 고개를 옆으로 돌려 벽에 붙어있는 시계를 본다. 그리고 계산한다. 영화가 끝나는 그 시간까지 오롯이 이 영화에 집중할 수 있는가. 분명히 중간에 무슨 일이 일어날 것만 같다. 심지어는 날이 아직 밝은데 영화를 다 보고 나면 날이 어두워질 것도 아쉽다. 밖에 나가 산책을 먼저 하고 영화를 봐야 하는 거 아닌가. 정말 쓸데없는 생각이다. 사실 앞으로 두 시간 동안 나에게 특별한 일이 일어날 가능성은 적다. 그러나 조바심이 난다. 정말 두 시간 동안 나에게는 아무런 일도 일어나지 않고, 두 시간을 오로지 이 콘텐츠를 위해 바칠 수 있는가. 의미 없는 걱정이 앞서면서 1시간 30분짜리 영화들 위주로 썸네일을 찾아다니기 시작한다. 그 마음을 아는 어떤 OTT는 90분짜리 영화 리스트도 보여주고 있다. 나만 그런 생각을 하는 게 아니란 말이다. 그런데 1시간 30분? 그건 견딜 수 있나? 이제는 50분짜리 에피소드로 이루어진 시리즈를 찾는다. 그러다 25분짜리 에피소드 시리즈까지 뒤지다가 이게 뭔 짓인가 싶어 나와버린다. 시계를 보니 시간은 훌쩍 지나가 버렸고 나는 아무것도 하지 않았다. 자, 이제 넷플릭스에서 나와 왓챠를 뒤져볼 차례다. 그러나 크게 다른 일은 일어나지 않을 것이다.

썸네일 항해 시간만 차곡차곡 모았어도 벨라 타르의 〈사탄 탱고〉를 봤을 거라는 말이 있다. 내가 만든 말이다. 5초, 10초짜리 쓰레기를 보면서는 한 시간을 쉽게 넘긴다. 그러나 한 시간짜리 콘텐츠를 앞에 두고는 클릭을 망설인다. 일정 시간 연속되는, 내가 지속해서 경험해야 할 콘텐츠를 이제는 견딘다고 생각하게 되었다. 쓰고 보니 놀라운 말이네. 영화를 견딘다고 표현하는 날이 오게 되다니. 세상은 이미 이렇게 되어 버렸고, 나이를 먹을 대로 먹어 고리타분한 나조차 이런 세상에 쓸데없이 너무 빨리, 그리고 정확하게 적응되어 버렸다.

프리 가이의 음악

어렸을 적 어머니의 영향으로 서양 고전 음악을 주로 들었는데 그러다 찾은 내 고유 취향의 음악은 영화음악이었다. 그것도 스코어라 불리는 영화의 오리지널 배경음악. 당연히 존 윌리암스와 엔니오 모리꼬네를 좋아했고, 교보문고 음반 코너에서 존 윌리암스의 SF 영화음악 모음 LP를 찾았을 때의 흥분을 아직 기억한다. 몇 날 며칠을 벼르다 기어코 사고 말았다. 아마도 그 LP는 지금도 집 어딘가에서 먼지를 품고 있을 것이다. 지금 생각해보면 서양 고전 음악에 익숙해져 있던, 그리고 영화를 좋아했던 내가 갈 수 있는 매우 자연스러운 음악적 취향의 경로였다. 〈레인맨〉으로 이제 막 뜨기 시작한 한스 짐머의 음악들을 모두 챙겼고, 존 베리의 〈아웃 오브 아프리카〉, 〈늑대와의 춤을〉 스코어도 좋아했다. 분명한 건 당시 이런 음악적 취향으로 친구들과 대화를 할 수는 없었다는 거다. 단 한 명도 나와 같은 취향을 가진 친구를 만난 적이 없었다.

지금은 연락이 끊긴, 종종 서로 믹스 테이프를 교환하던 중학교 친구 Y와 음악 이야기를 할 때, 그는 나의 음악적 취향을 구질구질하다며 놀렸다. 그것도 매우 단호하게. 그렇게 예민한 10대 중반 소년의 가슴에는 비수가 꽂혔다. 그러나 거기에 대고 나는 별다른 반박을 하지 못했다. Y는 학교에서 옮겨 다니는 책상마다 아이언 메이든, AC/DC 등을 칼로 새기며 다녔고, 나에게 비디오로 레드 제플린의 '모비딕' 드럼 연주를 보여줬다. 넋 놓고 봤다. 그런 Y에게 '넌…' 하며 음악 취향을 비하하는 말을 할 수는 없었다. 나보다 한 수 위 같았으니까. 취향이란 것도 한 수 위가 있을 수 있구나, 그렇게 생각했다.

    그러다 1990년대 중반에 들어서 전 세계적으로 유행하는 얼터너티브 록을 깨작거리면서 들어봤다. '이걸 좋아해야 유행에 뒤처지지 않는 거라는데'라며 조금 억지로 들었고 금방 포기했다. 그다음 나는 재즈 쪽으로 향했다. 당시로써는 마일스 데이비스를 듣는다고 말하는 게 매우 드문 케이스였고 그걸 나름 즐기기도 했지만, 결국 재즈 취향도 그리 멀리 나가지 못했다. 존 콜트레인, 델로니오스 몽크, 빌 에반스, 카운트 베이시 등을 찾아들었고, 그런 음악을 듣는다는 나의 말에 음악에 일가견이 있었던 대학 후배는 "전 재즈는 못 듣겠더라고요. 등골이 서늘해지는 느낌이 들어서"라고 답했다. "그래?"라고 무심하게 말해줬지만, 그 느낌이 뭔지는 너무 잘 안다. 재즈도 억지로 들었던 건가? 뭐 그래도 꽤 오래

들었다. 이제 와 생각해보니 나의 마지막 음악 취향은 재즈였다. 적어도 지금까지 자산으로 남아 있으니까. 그 이후로는 취향이랄 것도 없이 누군가 추천해주는 음악을 따라 들으며 좋아했고, 때로는 별로라 생각했다.

그래서 나는 누구나 아는 팝송을 잘 알지 못한다. 만약 내가 어떤 팝송을 안다면 그건 영화음악으로 사용되었다던가, 어찌 되었든 영화와 관련 있는 곡일 가능성이 많다. 당시만 해도 프라임 타임에 라디오 전파를 타던 영화음악실에서는 다양한 삽입곡들을 들려줬으니, 한참 감수성 예민했던 귀가 그 곡들을 기억하지 못할 리가 없다. 그렇게 기억된 곡들이 협소한 팝 DB로 아직 내 머리에 남아있을 뿐이다. 하지만 그를 벗어나는 바다와 같은 팝송들에 대해 난, 친구들이 입을 쩍 벌리고 놀랄 만큼 아는 게 없다. 그들은 이제 나의 무지에 대해 익숙해져 자연스럽게 놀리는 중이다. 그들과 팝 컬쳐가 도드라지는 영화를 볼 때, 되게 유명한 어떤 곡이 그 영화의 중요한 장면에 쓰일 때, 그들은 나를 빤히 쳐다본다. 너 저 노래 모르지. 그래 모른다. 그러니 지금 저 서브텍스트를 이해할 수나 있겠어? (침묵) Y에게 그랬던 것처럼 반박은 하지 못한다. 정말 모르거든.

며칠 전 라이언 레이놀즈의 〈프리 가이〉를 봤다. 쓰레기 같은 OTT 오리지널 속에서 정말 다행스럽게도 '그래, 할리우드 영화라는 건 이런 맛이지'라며 건진 영화다. 이 영화를 혼자 봤는데, 아마 친구들과 함께 봤으면 역시나 '야, 너 정말 저 노래 몰라?' 하는 표정을 봐야만 했을 것이다. 이 영화에서 인상적으로 나오는 고음 작렬의 여가수 노래(영화 속 표현이다)를 들으며 저 노래 좀 익숙한데 뭔지는 모르겠네, 그래도 노래는 좋고 영화에 잘 쓰였네, 이랬다. 나중에 알고 보니 머라이어 캐리의 'Fantasy'였다. 놀림을 당해도 싸지. 그렇게 우울해지려는데 영화의 마지막 장면에 매우 익숙한 음악이 들렸다. 스코어였다.

현실의 남녀 주인공이 서로의 사랑을 비로소 확인하고 횡단보도 양쪽에 서서 녹색 신호등이 들어오기만을 기다리다 신호가 들어오면 달려와 횡단보도 중앙에서 포옹하며 키스하던 장면. 그 장면의 뒤에서 흐르던 스코어. 굉장히 좋은데, 분명히 알던 곡인데 뭐였더라? 아, 생각났다. 디즈니 단편 애니메이션 〈페이퍼맨〉 음악하고 똑같네? 〈프리 가이〉나 〈페이퍼맨〉 모두 디즈니플러스에서 제공되는 작품이라 확인해봤다. 역시 같았다.

두 작품 모두 영화음악 담당은 크리스토프 벡이었고, 아마 크리스토프 벡은 장편 〈프리 가이〉를 작업하면서 자신이 사용했던 〈페이퍼맨〉의 음악 일부를 따다 쓴 것 같다. 그리고 그 선택이 꽤 적절하기도 해서 의도적 선택이라는 생각도 들었다. 단편 애니메이션 〈페이퍼맨〉은 건물을 사이에 두고 전혀 모르던 두 남녀가 서로에게 호감을 느끼게 되고 어찌어찌해서 결국 만나게 되며 끝나는 이야기인데, 그렇게 만나게 되는 과정에 삽입된 스코어가 〈프리 가이〉에서도 오랜 기간 서로의 사랑을 알지 못했던 여자가 비로소 그것을 깨닫고 남자를 만나러 가는 과정에 흐르는 것이다. 유사한 장면과 감정선에 동일한 음악이 사용된 것.

이런 걸 안다고 이 영화가 더 재미있어진다든가, 반드시 알아야 할 것을 알았다든가 하는 건 아니다. 당연히 몰라도 된다. 하지만 누구나 아는 머라이어 캐리의 'Fantasy'를 모르더라도 크리스토프 벡의 스코어가 단편 애니메이션으로부터 재활용되었다는 것을 알아차릴 수 있는 사람은 별로 없지 않을까. 그 옛날, 영화 속 오리지널 스코어에 대해 대화를 나눌 친구가 없었던 것처럼, 등골이 서늘해지는 마일스 데이비스의 트럼펫을 혼자

들었던 것처럼, 지금도 이런 음악에 대해 이야기할 수 있는 사람이 없는 건 마찬가지다.

어쩌면 극장에서 영화 속 특정 장면의 서브텍스트를 혼자 이해하고 과시하듯 발작적으로 웃는 밉상 관객처럼 나의 마이너한 취향을 자랑하는 중인지도 모르겠다. 자랑이랄 것도 없지만 혹시 자랑으로 느껴진다면, 수십 년간 보편적인 팝송을 몰라 긴 수난을 당해왔으니 이 정도는 귀엽게 봐주길 바랄 뿐이다.

더 트립 투 마이클 니만

마이클 윈터바텀의 〈더 트립〉 시리즈가 있다. 두 중년 남자가 미식여행을 떠나는 내용이라고만 알고 있었고, 봐도 그만 안 봐도 그만, 이런 정도의 영화로 인식되고 있었다. 그러고 보니 마이클 윈터바텀의 필모를 따라가던 때가 있었는데 찾아보니 20년 전 이야기다.

얼마 전 덴마크 넷플릭스 오리지널 〈토스카나〉를 봤다. 이탈리아의 풍광이 따뜻하고 좋을 테니, 그리고 분명히 음식 이야기가 나올 텐데 그것만으로도 편하게 볼 수 있지 않을까 싶은 생각에 선택했다. 예상처럼 부담 없이 볼 수는 있었지만 영 싱거웠다. 차가운 주인공 셰프가 따뜻한 기후의 토스카나에 와서 사랑을 만나고 그곳에 매료된다는, '설마 정말 그런 이야기라고?' 했는데 정말 그런 이야기였다. 몇 개월 후에는 줄거리가 기억나지 않고 1, 2년 후에는 그런 영화를 봤는지조차 헷갈릴 만한 그런 영화. 그 영화를 봐서인가, 넷플릭스는 나에게 〈트립 투 그리스〉를 추천했다. 〈더 트립〉 시리즈로 이탈리아, 스페인까지는 들어본 거 같은데 언제 이 영화가 그리스까지 간 건가. IMDb를 돌려보니 그리스는 네 번째 영화였고, 잉글랜드, 이탈리아, 스페인의 순으로 1, 2, 3편이 이어졌다. 2010년부터 딱 10년간의 여정이더라.

잉글랜드는 제목만 봐도 스산할 거 같지만, 그다음이 이탈리아와 스페인, 그리고 그리스라니. 구미가 당겼다. 1편부터 4편까지 쭉 따라가 보기로 했다. 요즘 같은 시대에 큰 결심이었다.

〈더 트립〉 시리즈에서는 배우 스티브 쿠건과 롭 브라이든이 실명으로 출연하며 영화 내내 운전하고 먹고 수다를 떤다. 영국 신문 『옵저버』의 의뢰로 1주일간 미식여행을 떠난다는 콘셉트로 하루에 한 곳씩 일주일 동안 모두 6개의 식당을 들르게 된다. 미식여행이라지만 의외로 음식에 대한 이야기는 그리 많지 않다. 먹어보고 오 맛있네, 이런 정도. 대화도 그 음식과 관련된 것으로 잘 흐르지 않는다. 여행하는 지역에 맞는 다양한 문화를 텍스트로 언급하며, 그에 대해 별반 설명 없이 관객이 알아듣건 말건 인용하고, 그에 대해 대화를 한다. 영국에서는 워즈워스가 머물렀던 도브 코티지에 방문하고, 이탈리아에서는 〈대부〉를 언급하며, 스페인에서는 『돈키호테』와 세르반테스를 이야기하고, 그리스에서는 오디세우스의 여정에 관해 이야기하는 그런 식이다. 그리고 끊임없이 성대모사를 해대는데, 역시 그쪽 문화에 밝지 않으면 뭐가 뭔지 전부 알기 힘들다. 그래도 제임스

본드를 흉내 내고, 마이클 케인, 안소니 홉킨스, 말론 브란도 같은 배우의 성대모사는 즐겁게 들어줄 만하다. 둘 중 누가 더 비슷하지, 그런 생각도 하면서. 두 사람은 이런 점은 내가 더 잘났다며 시종 투닥거리는데 40대 중반에서 50대 중반에 이르는 중년들임에도 제법 귀엽다. 네 편의 영화가 모두 이런 형식을 따른다.

그리고 음악, 이 네 편의 영화에는 오리지널 스코어가 없다(적어도 그렇게 들린다). 1편인 잉글랜드에서 아바의 음악이, 2편인 이탈리아에서는 엘라니스 모리셋의 노래가 중요하게, 그리고 많이 쓰이고 있으며, 바다 장면만 나오면 리하르트 슈트라우스의 곡이 시작하자마자 하이라이트인 것 같은 '네 개의 마지막 노래' 중 4곡 '저녁노을'이 연달아 나오지만, 이들을 이어주는 스코어는 사실 모두 마이클 니만의 것들이다. 조금 더 구체적으로 말하면 기존의 마이클 니만 곡들이다.

1편이 시작하고 한참 아무 음악도 없이 영화가 진행되다 스티브 쿠건이 산 위에서 아내에게 전화하는 장면에 느닷없이 스코어가 흐른다. 음악이 아예 없는 영화인가 싶었는데 작은 반전일 정도로 조금 놀랐다. 익숙한 피아노곡인데 뭐더라? 마이클 니만의 '다이어리 오브 러브'다. 영국 북부의 흐린 날, 그것도 해가 기울어 실루엣만 보이는 침침함 속에서 주인공이 산 위에 터벅터벅 올라가는 장면에 나오는 음악은 근사했다. 참, 음악 잘 썼네, 그런데 이 음악은 재활용 아닌가? 사실 재활용이라고 말할 필요도 없이, 아바 음악을 쓰듯, 엘라니스 모리셋 노래를 쓰듯, 리하르트 슈트라우스의 가곡을 쓰듯, 이 영화는 마이클 니만의 음악을 쓰고 있다. 그것도 가장 많이, 다양하게. 4부작의 첫 포문을 여는 '다이어리 오브 러브'는 닐 조던의 〈애수 The End of the Affair〉에 쓰인 곡이다. 이뿐 아니다. '몰리'와 '데비', '프랭클린'은 윈터바텀의 〈원더랜드〉에서, '디파추어'는 앤드류 니콜의 〈가타카〉에서 오리지널로 쓰인 곡들이다. 이 외에도 니만의 음악들은 다양하게 사용되고 있으며 이 시리즈에서 가장 많이 등장한다. 때문에, 스티브 쿠건과 롭 브라이든을 제외한다면 이 4부작 영화의 가장 중요한 인물은 단연 마이클 니만이다.

 같은 형식이 반복되며 동어반복 하는 것 같은 이 시리즈물은 같은 멜로디를 최소한의 형식으로 반복하는 마이클 니만의 미니멀리즘 음악과 그렇게 궁합이 잘 맞을 수밖에 없는데, 무엇보다 단조로우며 아름답다. 사실 영화 속에서 '데비'가 들어갈 곳에 '디파추어'를 넣는다든가, '몰리'가 들어갔던 곳에 '다이어리 오브 러브'를 넣는다든가 하는 스코어 바꿔치기는 그리 큰일이 아닐지 모른다. 각기 다른 영화의 오리지널로 사용된 스코어 중에서 결이 맞는 음악들을 주로 피아노곡으로 선별해 가져와 이 영화의 전반적인 무드를 조성하고 있으니까. 시끄러운 두 중년 남자의 미식 문화 여행을 따라다니는 음악이 마이클 니만이었기 때문에 그렇게 잘난 듯 떠드는 것 같지만 그 안에 결핍이 보이고, 말도 못하게 경박한 성대모사들을 해대고 있지만 그걸 교양으로 차분하게 끌어주는 역할을 이 스코어가 해주는 것이다. 그리고 무엇보다 정말 아름답지 않은가. 니만의 음악이란. 〈피아노〉의 음악을 가져오지 않은 것은 아마도 그 음악이 너무 유명해 이탈리아나 스페인이 아닌 남반구의 뉴질랜드 어느 해변을 생각나게 할까 봐서였을지도 모르겠다.

    음악이라는 끝없는 우주 속에서 나를 매료시키는 새로운 취향의 곡을 만나기란 이제 쉽지 않다. 가끔 일어나는 일이며, 그 주기도 점점 길어진다. 새로운 취향을 받아들이기에는 나의 무엇인가가 이미 굳어있을 수도 있고, 내가 쓸데없이 까다로워져 있을 수도 있다. 그러다 보면 익숙한 예전 곡들을 찾는다. 운전하며 스포티파이 플레이리스트를 이리저리 돌리다 가장 오래 머문 리스트는 타임캡슐 90년대였다. 뭐, 별수 있나.

잊고 지내는 오래된 나의 음악들도 있다. 어느 순간 생각이 나서 찾아 들을 때도 있고, 우연한 기회에 문득 그 음악이 나에게 다시 찾아올 때도 있다. 모임 별의 '2'는 정말 좋아하는 곡임에도 이상하게 나에게서 빠져나갔다가 우연하게 들어오길 반복하는 음악 중 하나다. 마찬가지로 〈더 투어〉 시리즈는 나에게, 오래전에 좋아했지만 한동안 잊고 있었던 마이클 니만을 불쑥 다시 소환했다. 그만으로도 훌륭하다.

여담으로 다른 음악 이야기 하나 더. 이 시리즈의 마지막에는 또 하나의 유명한 스코어가 삽입된다. 막스 리히터의 '온 더 네이처 오브 데이라이트'인데, 이제 이 음악 좀 영화에 그만 썼으면 싶지만 쓰이면 또 상당히 훌륭한 역할을 하는 것도 사실이다. 영화음악으로 작곡된 곡은 아니지만 너무나 영화음악 같은 곡. 〈셔터 아일랜드〉에서, 〈컨택트 Arrival〉에서, 드라마 〈눈이 부시게〉에서, 심지어 다큐멘터리 〈스시 장인: 지로의 꿈〉에서 이 음악이 어떻게 사용되었는지 상기한다면 공감할 수 있을 것이다. 사실 '온 더 네이처 오브 데이라이트'가 '그리스' 편 마지막 장면에 나온다는 정보를 듣고, 윈터바텀의 인터뷰가 아니더라도 그리스가 마지막 편이겠구나, 라고 짐작할 수 있었다. 그런 힘이 있는 곡이다.

춘천, 춘천

좋은 평가를 받았지만 지금은 사람들이 별로 기억하지 않는 영화를 찾아볼 때가 있다. 그런 영화들은 대부분 가입한 OTT 중 하나에는 올라와 있기 마련이다. 편리한 세상이다. 얼마 전 장우진 감독의 〈춘천, 춘천〉도 그렇게 보게 되었다.

나는 춘천에서 대학을 나왔다. 서울이 집이었고, 난생처음 집을 떠나 낯선 도시에 머물게 된 것이다. 입학 순간부터 학교는 별로 마음에 들지 않았고, 기숙사는 불편했으며 같은 방을 쓰는 선배들과는 친해지고 싶지 않았다. 매일 기숙사 침대에서 잠을 깨면 원하지 않는 캠핑이 시작되는 기분이었다. 몸과 정신이 완전히 일치하지 않고 살짝 어긋나 있는 느낌이 지속됐다. 주변의 지극히 평범한 것들이 나에겐 평범하게 다가오지 않았다. 착 달라붙지 못한 느낌. 어디에도 안착할 수 없는 도시. 그런 느낌이 굉장히 오래갔다. 학기 중반 정도 되면 슬슬 서울로 가는 횟수가 줄어드는 아이들과 달리 나는 매주 서울로 향했고 거기서 한숨을 돌렸다.

수업이 일찍 끝나면 아무도 없는 기숙사 방에 내려와 책상 의자에 앉아 창밖 풍경을 멍하니 보곤 했다. 학과 공부를 한 것도 아니고, 좋아하는 영화 동아리에 들어갔지만 첫 1년은 적응하지 못하고 겉돌았다. 시네필들이 득실대던 세상이라 하필 영화 동아리 사상 역대 가장 많은 신입생이 들어온 해이고, 다들 엄청 열심히 VHS 비디오 캠을 들고 아무거나 찍으며 밤을 새우고 놀았지만 난 그들과 가깝지 않았다. 동아리 동기들이 담배를 피워 대며 자기들이 찍어온 영상을 캠과 VHS를 연결해 편집하고 분주하게 케이블을 연결하는 걸 보면 나는 슬쩍 동아리방을 빠져나와 기숙사로 향했고, 기숙사에 방장이 있으면 다시 나와 춘천 거리를 걸었다. 적막한 도시라 학교 주변에는 어두운 길이 이쪽저쪽 뻗어있었다. 오르락내리락 가로등도 제대로 없는 골목을 지나며 시간을 죽였다. 가보지 않은 길을 하나둘 섭렵하고 술에 취한 대학생들의 고함이 들리는 자취촌을 통과했다. 늘 걷지만 언제나 낯선 길. 그 위에 혼자 있는 기분은 의외로 나쁘지 않았다.

학교에서 춘천 명동으로 나가는 길, 큰 길가에 작지도 크지도 않은 서점이 하나 있었다. 주변은 캄캄한데 그 서점 불만 켜져 있는 때가 종종 있었다. 동네 서점이라 서울의 대형 서점처럼 들어가서 마음대로 책을 뒤져볼 수는 없었다. 바로 이런 '서울에는 있지만 이곳에 없는 것들'에 쓸데없는 상실감이 들곤 했었다. 뭐, 어린 시절 이야기다. 난 밖에 서서 서점의 진열된 책을 보며 작은 위안을 얻었다. 그러다 마음먹고 서점에 들어가 책을 하나 사면서 그 김에 이런저런 책들을 구경했던 것 같다. 그때 나는 영화 잡지를 샀을 것이다.

    공강 시간에도 기숙사에 내려가기 애매하면 늘 학교 도서관에 갔다. 그때만 해도 도서관 건물이 따로 없어 열악했지만, 서가에 온갖 책들이 꽂혀있는 것을 보는 것만으로도 안심이 됐다. 좁은 책꽂이 사이를 다니며 무슨 책이 있는지 발견하고 구경하는 걸 즐겼고, 많은 사람의 손을 탄 낡은 책의 느낌을 좋아했다. 책을 빌려 기숙사 침대 위에서 벌벌 떨며 읽었던 책이 스티븐 킹의 『캐리』였다. 어쩐지 아인 랜드의 『마천루』도 많이 생각난다. 마음이 내려오는 데 제법 오래 걸렸던 도시, 춘천에서 나를 위로해 준 것은 책이었다. 불안하게 붕 떠 있는 마음이 책 속에서나마 잠시 자리를 잡았다.

    춘천은 나에게 그런 곳이었다. 나를 항상 어중간하게 만드는 도시. 걸어 다니지만 발이 땅에 닿지 않는 느낌. 학년이 올라가고 군대를 다녀와 충분히 적응하고 학과 공부도, 동아리 생활도 꽤 재미있게 하던 때에도 춘천의 느낌은 이상하게 별로 변하지 않았다. 날이 쾌청해도 안개가 끼어있는 것 같고, 늘 습하고 무거운 공기가 가득했다. 활기가 없었다. 4학년이 되어서도 시험 기간을 제외하고는 여전히 주말마다 서울로 도망쳤다. 그래서 춘천에서 4년을 살았지만 춘천을 거의 알지 못한 채 졸업하고 말았다.

오랜 시간이 흘러 장우진의 〈춘천, 춘천〉을 보며 바로 그때 '나의 춘천'을 떠올릴 수 있었다. 이 영화에는 두 개의 파트가 있는데, 집은 춘천이지만 춘천에 붙어있지 못하는 청년, 지현 파트만 이야기하면 된다. 지현은 취업 때문에 서울에 갔다가 춘천으로 돌아와 ITX 플랫폼에서 에스컬레이터를 타고 내려오는데, 반대편 에스컬레이터로 옛 친구가 올라가는 걸 발견한다. 서로 아는 척을 하지만 굳이 누군가 방향을 바꿔 만나러 가진 않는다. 그렇게 헤어지고, 지현은 그 친구의 이름을 잊었다는 걸 깨닫는다.

지현이 불 꺼진 황량한 골목에서 누군가에게 전화하는 장면, 아무도 다니지 않는 오래된 골목에서 친구와 술 마시는 장면, 철근이 삐죽 튀어나온 곳에 주저앉는 장면, 시퍼런 아침에 공사장 포크레인을 보며 더벅머리를 한 채 담배를 피우는 장면. 하나하나가 정말 내가 알고 있던, 그간 잠시 잊고 있던 바로 그 춘천이었다. 그러다 영화 중반, 한밤중 문 닫은 식당 밖에 나와 오랜만에 친구 종성(에스컬레이터에서 본 친구)에게 전화를 거는 대목이 나온다. 그 공간도 정말 '나의 춘천'이었다.

자다 일어난 것 같은 종성은 지현의 전화가 다소 놀랍고 처음에는 어색하게 받지만, 술 한잔 마신 친구의 이야기를 들어주며 서서히 마음이 풀리는 게 보인다. 그러면서 그 두 사람은 만들어낸 대본은 할 수 없을 것 같은, 너무 오랜만에 연락해서 어색하지만 이야기를 하다 보니 예전에 친한 친구였다는 것을 알아가는 과정의 대화를 나눈다. 지현은 종성에게 내가 네 이름도 기억이 안 나더라며 주정하고, 울기도 하고, 노래를 불러 달라 조른다. 종성은 그걸 다 받아준다. 에이그, 그러면서. 마지막에는 정말 노래도 불러준다. 한쪽에는 힘이 들어 술을 한잔 걸친, 다른 한쪽도 힘들긴 마찬가지이지만 기꺼이 상대를 받아주는 친구. 그들이 대화하는 놀라운 9분의 롱 테이크가 지나간다. 9분이란 건 나중에 어떤 글을 보고 안 사실이고, 영화를 볼 때는 실감하지 못했다. 작년에 내가 본 영화 중 가장 위로를 받은 장면이다. 홍상

수의 영화라면 단 1분도 견디기 힘들었을 이 설정에서 장우진은 진짜 사람들을 불러내고 있었다. 그러면서 자연스럽게 내가 발을 딛지 못했다고 생각했던 춘천에서 위안받았던 여러 순간이 몰려들었다. 여전히 울적한 도시라고 생각하지만, 그 안에서 반짝였던 순간들이 안이 보이지 않는 풍선 속에서 펑 터져 나오는 것처럼 그렇게 생각났다.

가끔 춘천에 놀러 간다. 지금이야 구봉산과 소양댐 근처까지 드라이브하고, 세계주류마켓에 가서 술을 사고, 통나무집닭갈비에 가서 굳이 줄을 서 닭갈비를 먹고, 중앙시장 분식집에서 군만두와 쫄볶이를 먹고, 예전 육림극장이 있던 육림고개를 넘어보기도 하고, 스퀴즈 브루어리에 가서 맥주도 마시는 곳이 되어있다. 나도 그렇고 도시도 그렇고 예전과는 많이 달라진 것 같은데 〈춘천, 춘천〉을 보고 곰곰이 생각해보니 춘천의 묵직한 공기는 늘 여전했구나 싶다.

언젠가 친구 S와 제천에서 올라오는 길에 모교나 한번 가볼까, 즉흥적으로 내비게이션 목적지를 바꿔 춘천에 간 적이 있다. 때는 2월 말. 학교에는 사람들이 많았다. 겨울방학 중이라 그런 북적임을 예상하지 못했다.

가만 보니 기숙사 건물에 학생들이 들어가는 중이었다. 아, 2월 말. 저 안에는 신입생도 있겠지. 필시 가족과 우르르 다니는 친구는 신입생일 것이다. 낯선 도시에 발을 딛기 위해서 그렇게 하나둘 도착하는 중이었다. 대부분은 시끌벅적한 캠퍼스에 잘 적응하겠지만, 개중에는 30년 전 나와 같은 친구도 있을 것이다. 혼자인 거 같을 때, 때때로 밤거리를 걷겠지. 춘천의 골목은 아직 많이 변하지 않았으니 걸어도 괜찮을 것이다. 운이 좋다면 지현과 종성 같은 관계를 만들 수도 있을 테고. 그렇다면 분명히 반짝이는 순간과 함께 적지 않은 풍선이 춘천에서 만들어질 것이다. 이런 생각을 하고 있자니 갑자기 30년 전으로 시간이 접히는 느낌이 들어 기분이 묘해졌다.

    S와 나는 분주한 그들을 뒤로하고 손님이 아무도 없는, 얼른 개강해서 학생들이 찾아오기만을 기다리는 학교 근처 식당에서 닭갈비를 먹고 부랴부랴 서울로 떠났다. 내일은 출근을 해야 한다.

퇴근 후 오른쪽

5월에서 6월의 공공기관은 다음 해 예산을 어떻게라도 사수하거나 증액하기 위해 노력하는 시기다. 주무부처와 끝없이 서류를 주고받고 그걸로 기획재정부에 간절하게 설명을 한다. 예산이란 그 공공기관이 수행할 수 있는 사업의 원동력이기 때문에 당연히 중요하다. 이 외에 증원, 혁신 계획, 국회 업무보고, 윤리경영, 성과관리, 고객만족경영, 대외협력처럼 뭔지는 도무지 모르겠지만 분명히 재미는 없고, 하지만 어쩐지 중요할 것 같은 일들이 빼곡하게 진행 중이다.

　이런 업무를 하는 팀의 팀장이 된 지 1년 반이지만 아직도 어색한 일이 많아 늘 머리를 데굴데굴 굴리며 정답에 가까운 것들을 만들기 위해 노력 중이다. 사실 이쯤 되면 내 삶의 많은 부분을 회사 일이 파먹고 있다고 봐도 좋을 것이다. 얼마 전 모 팀원들과 술을 한잔 했는데 그때 Y가 "팀장님은 지금 가장 관심 있는 게 뭐예요?"라고 갑자기 질문했고, 나는 "음, 아무래도 회사 일인데요"라고 답했다. 그랬더니 "에이, 그러면 안 되지"라는 반응이 바로 나왔다. '음, 회사 일이 나에게 가장 크면 안 되는 건가?'라는 생각이 순간 스쳐 지나가면서 "그래도 그게 맞는걸"이라고 말했다. 대답하면서도, 그게 맞지만, 그렇게 대답하면 안 되는 거라는 생각이 비로소 들었다. 그때 "회사 일 말고 다른 거 없어요?"라고 질문이 또 들어왔고 거기에 대해서는 다소 정상적이고 진부한 답변을 내놨다.

5~6월의 어느 하루가 지나간 저녁, 머리가 꽤 복잡했다. 회사 이야기를 하며 술을 한잔 하고 싶다는 생각이 불현듯 강해졌다. '와 오늘은 정말 술 먹고 싶다.' 그런데 오늘은 늘 이야기하던 사람 말고, 자주 만나지는 않지만 술친구는 가능한 그런 동료였으면 좋겠다는 생각을 했다. 왜 그런 디테일이 나왔는지 잘은 모르겠지만, 아무튼 그랬다. 아침 카페에서 만나 조만간 술 한잔 하자던 O가 생각났다. 퇴근 시간이 조금 지났지만 잠시 망설이다가 문자를 보냈다. 몸이 안 좋아서 조퇴했다는 답이 왔다. 그리곤 딱히 생각나는 사람도 없어서 그냥 퇴근하기로 했다. 그때 머리에 '퇴근 후 오른쪽'이라는 말이 떠올랐다.

퇴근 후 바로 집에 가기 위해서는 직진, 그렇게 MBC 광장을 지나 수색역으로 가면 된다. 반면 퇴근 후 오른쪽으로 가면 버스가 다니는 큰 길이 나온다. 오늘처럼 이리저리 치여 술로 위로받고 싶을 때면 퇴근 후 오른쪽으로 방향을 틀어 버스를 타고 망원동으로 가곤 했다.

거기에 크기는 작지만 제법 괜찮은 병맥주를 큐레이션한 맥주 보틀샵이 있었고, 국내에 새로 수입되는 맥주들도 부지런히 들여놓고 단골손님이 물어보면 조곤조곤 설명도 잘해주며 맥주를 잘 팔던 주인장이 있었다. '퇴근 후 오른쪽' 코스뿐 아니라 근처에 갈 일이 있을 때도 몇 번을 들렀던 그 가게 이름은 '위트위트'였다. 그렇게 몇 번을 갔지만 시크한 주인장은 나를 전혀 단골손님으로 인식하지 않았다. 자주 가도 항상 처음 보는 손님처럼 대했다. '이제는 좀 아는 척도 할 수 있을 거 같은데?'라는 나의 기대는 늘 부질없었다.

그런 다가가기 힘든 주인장에게 딱 한 번 추천을 의뢰한 적이 있었다. '퇴근 후 오른쪽' 코스로 도착해 진열대를 보니 새로운 맥주들이 많아 보이는데 뭐가 뭔지는 하나도 모르겠고, 이 차가운 주인장에게 물어보면 말이라도 해줄까? 그렇게 쭈뼛거리다가, "사장님 제가 어제 회사에서 밤샘하고 오늘 퇴근인데요. 그럴 때 먹을만한 맥주를 추천해주실 수 있으신가요?" 이 질문을 받은 위트위트 주인장은 1초 생각하더니 두 가지 선택지가 있다는, 마치 그리스 비극에 나오는 신탁처럼 장엄하게 운을 떴다. "하나는 상큼하게 먹는 맥주가 있을 수 있고요. 하나는 완전 독하고 진해서 그거 한 잔 마시고 바로 고꾸라지는 그런 맥주가 있을 수 있지요." 과연, 맥주 보틀샵을 운영하는 주인장다운 솔루션이었다. 살짝 감동한 나는 "상큼한 쪽이 좋겠네요"라고 선택했고, 그는 "그렇다면…"이라면서 맥주 하나를 권해줬다.

그렇게 집까지 가지고 온, 잠들기 직전 마신 맥주는 벨칭 비버와 코로나도 브루어리가 콜라보한 투스 앤 테일이다. 벨칭 비버의 상징인 이빨과 코로나도의 상징인 인어의 꼬리를 따서 만든 맥주 이름인데, 전형적인 뉴잉글랜드 IPA이었다. 드라이 호핑 기법을 쓰기 때문에 쓴맛이 거의 없고 탁하며 홉 주스를 마시듯 청량하게 잘 넘어간다. 심지어 탄산도 잘 느껴지지 않는다. IPA의 쓴맛이 도저히 적응되지 않는 이들에게는, 그러나 화사한 홉 향을 즐기고 싶은 이들에게는 이미 대세가 된 맥주 스타일이다. 나로서는 약간 더 쨍하게 입안이 얼얼할 만큼 탄산이 있는 IPA였으면 어땠을까 싶지만, 충분히 만족스러운 추천이었다. 그리고 기분 좋게 잠들었다. 다시 같은 시간에 일어나 같은 전철을 타고 회사에 출근해야 하겠지만, 그만하면 즐거운 보상이었다.

위트위트에 대해 과거형으로 쓴 것을 주목했다면 눈치챘겠지만, 그 가게는 이미 수년 전 겨울 사라졌다. 그래서 '퇴근 후 오른쪽'은 이미 없는 주문이 되어 내 입속에서만 맴돌았고, 그날 나는 PC를 끄고 회사 건물을 나와 직진하며 바로 집으로 향했다. 퇴근 후 술 제안을 한 사람이 조퇴했어도, 그리고 딱히 그날 함께 술을 먹고 싶은 사람이 떠오르지 않았어도 오른쪽으로 향하면 괜찮은 대안이 있었지만, 이젠 없다. 집 냉장고에 괜찮은 맥주가 들어있던가? 없는 것 같다. 이번 주말에는 어디 가서 맥주 쇼핑을 좀 해야겠다.

위에서 언급한 술자리에서 회사일 말고 내놓은 정상적이고 진부한 답변은 다름 아닌 맥주였다. 그러면서 IPA의 유래에 대해 85번째 설명을 해준 것 같다. 어지간하면 누구라도 재미있게 들어주는 이야기니까.

안녕, 내일 또 만나

윌리엄 맥스웰의 소설『안녕, 내일 또 만나』를 다 읽었다. 점점 독서라는 습관이 멀게만 느껴지는 요즘, 200페이지 조금 넘는 분량을 꽤 오래도 붙잡았다. 이미 절판된 책을 D의 도움으로 알라딘 중고서점에서 겨우 구했다. 이 책과 관련된 이야기를 하기 위해서는 시간을 거슬러 올라가야 한다. 내가 회사에서 KMDb(www.kmdb.or.kr) 영화글(영화 평론 섹션)을 담당하고 있었을 때, 독립영화 리뷰 필자 중 한 명인 백승빈 감독과 만난, 대략 지금으로부터 5년 전 이야기다.

백승빈 감독과 어떻게 처음 연락이 닿았는지는 기억나지 않는다. 그는 수많은 필자 중 한 명이었다. 그래서 몇 달에 한 번 정도 연락을 하며 글을 받았는데, 그 글들에 마음이 갔다. 내가 소양이 깊고 경험이 풍부하며 역량이 탁월한 전문 에디터는 아니지만, 꾸준히 이 작업을 하다 보면 그래도 취향에 맞는 좋은 글들을 발견하게 된다. 백승빈 감독의 글이 그랬다. 읽기 쉽고 개성이 뚜렷하며, 번잡하지 않은데다 특유의 기승전결이 있어 글을 다 읽고 나면 어떤 쾌감이 있었다.

지금은 없어져서 아쉬운, 크래프트 펍이 회사와는 조금 떨어진 마을 쪽에 있었다. 이층집을 고쳐서 펍으로 꾸몄는데, 여름날 2층 테라스에서 맥주를 마시면 그렇게 좋을 수가 없었다. 그래서 회사 동료와 후배들을 끌고 몇 번 다녔던 곳이기도 하다. 독일 맥주를 주로 팔았고 그래서인지 유명한 안주는 학센이었다. 백승빈 감독을 그 펍으로 불렀다.

    5월의 날 좋은 어느 저녁. 2층 테라스에 자리 잡고 맥주를 마시며 이런저런 이야기를 했다. 나는 듣는 쪽이었다. 백승빈 감독은 뮤지컬에 대한 이야기를 많이 했다. 그리고 영미문학을 굉장히 좋아했다. 그에 대한 이야기가 술술 나오는데 나는 끼어들 사이도 없이 완벽한 청자가 되어야 했다. 나이가 들면 들수록, 대화에서 내 말의 지분이 적어지면 그 자리는 지루하게 생각되기 마련이다. 언제 상대방의 말을 끊고 내 말을 할까 호시탐탐 기회를 노리는 나이이기도 하다. 그러나 남부 고딕이라는 듣도 보도 못한 문학 장르를 좋아한다는 말부터 〈컬러퍼플〉 뮤지컬 이야기까지, 나는 완전히 빠져들고 말았다. 그러면서 계속 맥주를 홀짝였던 거 같다. 5월의 저녁, 5월의 바람, 5월의 온도, 그리고 재미있는 이야기와 독일 맥주, 야외 테라스. 본분을 잊고 분위기에 취하려는 찰나, 뭔가 생각이 났다.

감독님, 영미문학 그렇게 좋아하시면요.

네?

막 영화로 만들고 싶은 그런 소설도 있을 거잖아요.

그거야 그렇죠.

근데 지금 이야기를 들어보니 국내 번역도 안 된 책들도 읽으시고. 그중 아직 영화화되지 않은 작품들도 있을 거잖아요?

그렇죠.

만약에 감독님에게 누군가 저작권을 해결해줄 테니까 맘에 드는 작품 하나 가져다 그걸 마음대로 각색해서 당신의 시나리오로 만들어보라고 한다면?

….

그렇다면 그거 재밌지 않겠어요?

그렇죠? 재미있겠죠….

KMDb 영화글에 그런 칼럼 하나 만들면 어때요? 감독님이 좋아하는데 아직 영화화되지 않은 작품들이 있고, 그걸 감독님이 영화화하겠다는 생각으로 맘대로 각색을 할 수 있다면? 그러면 어떤 각색을 할 것인가. 그 작품을 어떻게 이야기할 것인가. 그런 걸 글로 써보시는 건 어때요?

아하?

물론 당시의 대화가 이러지는 않았을 것이다. 심지어 그날은 별말 없었다가 내가 생각을 정리해서 메일로 제안한 것 같기도 하다. 아무튼, 5월과 독일 맥주와 테라스와 뮤지컬과 영미문학이 모여 그날 칼럼이 하나 탄생했다. 칼럼 제목은 '내 맘대로 각색해보는 영미문학 프로젝트'라고 내 맘대로 지었다. 첫 원고는 6월에 도착했고 앨리슨 벡델의 『펀홈』이었다. 그리고 두 번째 원고가 바로 윌리엄 맥스웰의 『안녕, 내일 또 만나』였다. 도착한 원고는 매우 재미있었다. 에디터이자, 원고료를 지급하는 실무자이자, 그 글을 올리는 업로더로서 이런 일들을 한 사람이 처리하다 보면 글의 가치를 알지 못하고 일로서 처리해버리는 경우가 다반사다. 하지만 칼럼 '안녕, 내일 또 만나'는 일이 즐거움으로 바뀌는 경우다. 기쁜 마음으로 업로드하고 행정 처리를 했다.

원고를 받았을 때 나는 윌리엄 맥스웰의 책 『안녕, 내일 또 만나』를 알지 못했다. 책에서는 "그때 내 잘못을 우회적으로 사과하려는 헛된 시도"라는 문장이 도입부에 나오는데, 칼럼은 그 문장을 관통하는 백승빈 감독의 개인적인 경험을 병렬적으로 배치하면서 절묘하게 글을 끌고 나갔다. 자신에게도 윌리엄 맥스웰과 같은 경험이 있었고, 역시 "그때 내 잘못을 우회적으로 사과하려는 헛된 시도"로 칼럼이 진행된다. 언젠가 필자의 바람대로, 이 책을 모티브로 하는 영화를 만들게 된다면 포함될 이야기일 것이다. 윌리엄 맥스웰의 기억도 극적이었지만, 백승빈 감독의 기억도 만만치 않게 극적이었다. 마치 두 개의 세계가 동시에 존재하는 것 같은 글이 좋았고, 나는 친구들에게 이런 근사한 글 좀 읽어보라며 링크를 보냈다. 그러나 별다른 반응은 오지 않았다. 시간이 지나고 그 칼럼은 수백 개의 글 중 하나가 되었다. 칼럼 연재도 다섯 개의 원고를 끝으로 종료되었다.

그 후로 몇 년의 시간이 지나고, 영화글 에디터 업무는 다른 사람이 맡게 되었다. 백승빈 감독과는 두어 번 더 만나면서 마음으로는 응원했지만, 영화 작업은 썩 잘 풀리는 것 같지 않았다. 그러던 어느 날 메일이 왔다. 지금 시나리오를 쓰고 있는데 제목이 〈안녕, 내일 또 만나〉라는 것이다. 당시 칼럼에 썼던 내용을 기반으로 해서 개발 중이라는 소식이었다. 놀랍고 기뻤다. 하지만 반신반의했다. 영화는 나와야 나오는 거지. 주변에 시나리오를 쓰는 사람은 정말 많다.

그러다 대략 1년이라는 시간이 흘렀다. 백승빈 감독에게 다시 메일을 받았다. "시나리오를 다 썼고, 영화도 다 만들었다. 그리고 그 영화가 서울국제프라이드영화제의 개막작으로 선정되었다. 아직 보도자료가 뿌려지기 전인데 먼저 이야기한다. 감사하다"라는 내용이었다. 정신이 번쩍 들었다.

가끔, '내 이름 옆 괄호 안에 들어갈 직업은 뭘까'라는 생각을 한다. 공공기관원이라는 말은 없다. 그렇다고 공무원은 아니다. 행정가라는 직업도 괄호 안에서 본 적이 없다. 이런저런 궁리 끝에 결국은 회사원만 남는다. 굉장히 넓은 범위를 품고 있는 '회사'라는 단어에서 '원'으로 일하는 사람. 나를 특정하는 단어가 넓은 범위를 포괄하는 단어일 수밖에 없다는 것은 평범을 의미한다. 별일 없는 시간을 의미한다. 그런 회사원에게 업무와 관련되어 이런 일이 일어난다는 것은 꽤 특별하다.

영화제 개막식 당일, 당연히 영화를 보러 갔다. 칼럼에 썼던 백승빈 감독 개인의 기억이 영화 초반에 그대로 나왔다. 그 기억을 지니고 있는 영화 속 주인공은 과거의 선택에 따라 각기 다른 삶을 살게 된다. 영화는 그렇게 동일한 인물의 세 가지 평행우주를 보여준다. 어떤 우주에서는 고등학교 선생으로, 어떤 우주에서는 교수로, 또 어떤 우주에서는 학원 강사로 살아간다. 장소도 직업도 다른 삶을 사는 주인공은 결국 마지막 내레이션처럼 같은 결말을 맞이하게 된다. 다행히도 해피 엔딩이다. 그리고 윌리엄 맥스웰 자신이 사과해야 하는 친구, 클레터스에게 그의 서사를 재구성하는 소설을 쓰며 사과하는 '헛된 시도'를 했듯, 백승빈 감독도 형에게 사과하는 '헛된 시도'를 하는, 윌리엄 맥스웰의 소설과 비슷한 구조의 영화를 만들었다. 영화는 다소 느리고 길지만 진지하고 아름다우며 복잡다단한 사람들을 정말 사람처럼 그려내고 있었다.

개막작 상영이 끝나고, 몇 년 만에 백승빈 감독을 만나 인사하고 서로 웃으며 회포를 풀고 술잔을 든 채 감독은 나를 다른 사람들에게 소개하면서 이분이 바로 그분입니다, 하는 일은 일어나지 않았다. 어쩌다 보니 만나지 못한 채 극장을 나섰고, 문자로 인사를 나눈 후, 아직 다른 연락은 하지 못하고 있다. 현실은 이런 게 자연스럽다.

다시 5년 전, 백승빈 감독의 칼럼 연재 마지막 글은 이렇게 끝난다.

"이 몇 개의 각색 프로젝트들 가운데 단 하나라도 (초현실적인) 기회가 찾아와 개발이 이루어질 수 있다면, 저런 표현이 가능한 영화로 만들 수 있을 것 같단 말이지."

백승빈 감독이 말한 '저런 표현'은 "그 책을 다 읽어버린 것은 내 인생에 황량한 구멍을 남겼다. David Copperfield, the last novel I read, and the completion of which has left a devastating hole in my life"이다. 이 말은 「데이빗 커퍼필드」를 읽은 후 '닉 혼비'의 표현이라고 하는데 백승빈 감독은 "마음에 들고 오래 기억하고 싶다"고 적었다.

결국 초현실적인 기회는 백승빈 감독에게 찾아왔던 셈이다. 인생에 황량한 구멍을 남긴 그런 영화를 만들었다고 생각하는지는 모르겠지만, 나에게는 아름다운 영화였다. 아쉽게도 일반 개봉은 아직 묘연한 모양이다.

그러고 보니 윌리엄 맥스웰의 소설 제목이 『안녕, 내일 또 만나』이며, 그 소설을 각색해보겠다는 야망으로 쓴 백승빈 감독의 칼럼 제목 역시 '안녕, 내일 또 만나', 그 칼럼을 시작으로 완성한 영화의 제목도 〈안녕, 내일 또 만나〉이다. 그러므로 이 모든 이야기를 적고 있는 나의 글 제목을 '안녕, 내일 또 만나'로 하는 건 그리 부자연스러운 일이 아닐 것이다.

영화 엔딩 크레딧 마지막 고마우신 분들에 내 이름이 나올까, 내심 기대를 했다. 나왔다. 심지어 가장 앞자리에 나오더라. 내가 그런 회사원이다.

안다는 것의 개인화

기억도 잘 나지 않는 대학교수들의 수많은 말 중 지금까지 남아있는 게 하나 있다. "모르는 건 바로 옆의 친구에게 물어봐라. 내가 모른다고 창피해할 필요가 없다. 그 친구도 십중팔구 모를 것이고, 안다고 하더라도 안 지 얼마 안 된 걸 거들먹거릴 뿐이니까." 그래서 그 이후 수십 년 세월을 살면서 교수의 조언을 마음에 담고 모르는 게 있을 때마다 바로바로 옆 사람에게 물어보는 생산적인 삶을 살았는가. 물론 그렇지 않다.

여전히 모르는 것투성이다. 그리고 나이가 들수록 모른다는 것이 창피해 잘 물어보지도 못한다. 반면 나의 관심사라는 것도 생길 수밖에 없고 그에 대해 자연스럽게 시간이 투입되면 남들보다 조금 더 아는 것들이 생기게 된다. 의식적인 것도 있고, 나도 모르는 사이 되는 것도 있다. 일종의 안다는 것에 대한 개인화가 진행되는 것이다.

맞춤법에 관심이 있었다. 아주 어렸을 때부터 길을 걷다 대문짝만하게 '어름'이라고 쓰여있는 게 보이면 '저건 얼음이지'라고 중얼거렸다. 그러고 보니 예전에는 얼음을 취급하는 가게들이 종종 있어서 문에 페인트로 아주 크게 '어름' 이렇게 쓰여있던 곳들이 많았다. 중학교

때는 '역활'이 맞는다는 친구들 사이에서 홀로 '역할'로 맞서 내기에 이겨 이것저것 얻어먹은 적도 있다. 지금은 사라진 모음조화 같은 것도 나 혼자 따졌다. '뉴우요오크' 같은 외래어 장음표기가 이상했는데 그걸 '뉴욕'이라고 하기로 한 것도 기억난다. 그런데 지금 검색해보니 1978년의 일이라 이게 뭔 일인가 싶다. 그때 내 나이는…. 아마도 정정되지 않은 교과서가 수년간 지속되어 내가 받은 교과서에 '뉴우요오크' 같은 단어가 들어갔을지도 모르겠다.

'개발새발'이 아니고 '괴발개발'이 맞다, '허접쓰레기'가 아니고 '허섭스레기'가 맞다, '쌉싸름하다'가 아니고 '쌉싸래하다'라고 써야 한다는 것들은 틈틈이 입력된 남들이 잘 틀리는 맞춤법 리스트에 들어가 있던 것들로 적재적소에 꺼내 사용하곤 했다. 아마 이런 집착은 초등학교 때, '수캐'와 '암캐'에 대해 배울 때였던 것 같다. "수컷인 개인데, 수개 혹은 숫개가 아니고 이건 소리 나는 대로 적기로 했다. 그래서 이건 수캐이니 맞춤법에 주의하라"는 선생님 말씀에 매료되었었다. 이런 귀여운 예외들이라니.

그러나 2011년 '짜장면 대란'이 일어나면서 많은 맞춤법이 개정되었고 복수 표준어가 늘어났다. 내가 위에서 말한, 나의 시간을 투여해 나만 알고 있을 거 같은 맞춤법 DB에 들어있던 틀린 단어 '허접쓰레기' '쌉싸름하다' '개발새발'이 모두 맞는 말이 되어 버린 것이다. 별생각 없이 있었던 이들은 본인의 단어가 틀린 줄 모르고 그냥 사용하다가 아무 노력 없이 그것이 맞는 단어가 되어버린 것이다. 나 같은 사람만 그런 것들이 맞는 줄 알았는데 틀렸고, 실은 맞는 단어는 이것이었으며, 이젠 그것도 다 맞는 단어가 되었다는 걸 귀찮은 과정에서 학습해야 했다. 노력하건 하지 않건, 관심이 있건 없건 결과는 똑같아졌다. 이렇게 허무할 데가. 그때 짜장면도 드디어 표준어가 되었고, 남들과 달리 그래서 난 그다지 통쾌해하지 않았다.

물론 아직 남아있는 것들도 있다. '만홧가게' 같은 직관적으로는 어이없는 사이시옷 용례 같은 것, 희망한다, 바란다는 의미로 '뭐뭐 하길 바래'라고 쓰는 것은 틀리니 '뭐뭐 하길 바라'라고 써야 한다는 것. 2인칭 지시대명사 '니가'는 '네가'가 맞는다는 것 등등. 하지만 요즘은 이런 것들을 일부러 적절히 틀려가며 말하고 쓴다. 똘똘한 척 맞춤법을 잘 안다고 쓰긴 했지만, 여전히 내가 모르는 맞춤법이 훨씬 더 많은 마당에 굳이 이런 것들을 따박따박 맞게 쓰며 재수 없는 똘똘이 스머프가 될 필요는 없겠다는 것이 요즘 생각이다. 그래도 길을 가던 중 '만둣국' '고깃집' 이런 간판을 보면 호감이 생기는 것도 사실이고, 그중 '만둣국' 집에는 몇 번 가서 먹기도 했다.

그런가 하면 스포츠에 대해서는 백치에 가깝다. D는 나에게 너의 프로야구는 박철순에서 멈춰있다는 말을 종종 하는데, 일종의 수사이긴 하지만, 그게 또 아주 틀린 말은 아니라 흠칫한다. 예전에는 의식적으로 응원하는 프로야구팀이라도 있었는데 이제는 그런 것도 없고, 구단이 10개가 되었다는 것도 얼마 전 검색을 하고, '참 많아졌네' 이랬으니까. 농구와 배구, 탁구와 야구, 축구 같은 것들의 규정을 익힌 것은 10대 때가 마지막이었으니 그다음 업데이트가 되지 않아 지금도 배구는 서브권을 가져와서 매 세트 15점 내면 승리하는 것이 더 익숙하다. 바뀐 지, 무척 오래된 거겠지?

그런 분야가 한둘이 아닌데 아이돌도 그렇다. 얼마 전 아이브와 뉴진스에 대한 강의를 들으면서 상대는 나에게 한숨을 열 번 쉰 것 같다. 모르는 것들에 대해 이야기한다면 아는 것들에 대해 이야기하는 것보다 백배 이상의 분량이 나오겠지만, 여러 가지 이유로 이쯤에서 적절히 끊어보겠다.

맞춤법이 의식적으로 흥미를 느낀 앎이었다면, 알고 있는 것이 자연스러워서 누구나 아는 것처럼 느껴지는 것도 있다. 이쪽이 조금 더 위험하다. 맥주 쪽에 그런 게 있는데, 맥주에도 와인처럼 페어링이 있고, 그중 유명하고 고전적인 페어링은 기네스와 굴이 있고, 스타우트와 같은 커피 향이나 초콜릿 향이 나는 맥주와는 브라우니가 어울린다. 발라스트 포인트의 스컬핀 같은 향이 짙고 쓴맛이 강한 아메리칸 IPA의 경우, 의외로 카레와 잘 맞는다는 것은 비슷한 풍미가 나는 술과 음식이 어울린다는 페어링 공식과 개인적인 실험에 기인한다.

위의 문단에는 내용상 세 가지 단계가 있다. 최종 3단계인 스컬핀과 카레가 잘 어울린다는 것은 남들이 잘 모를 것이라 나도 의식한다. 스컬핀도 알까 말까인데 개인적인 실험으로 알게 된 정보이니. 그러나 기네스와 굴이 잘 어울린다는 전통적인 페어링에 대해서는 제법 알려진 상식이라 생각하게 된다. 게다가 기네스는 아주 유명한 맥주가 아니던가. 여기가 2단계다. 1단계는 맥주와 페어링이 되는 음식이 있다는 일종의 대전제다. 3단계에 머물러 있는 나는 2단계를 거쳐 1단계의 대전제 같은 것은 모든 사람이 아는 것 같은 착각을 하게 된다. 얼마 전 만난 편집자 N은 기네스와 굴의 이야기에 고개를 갸우뚱하더니, 맥주 페어링이라는 것조차도 생소하다고 이야기했다.

여기까지, 안다는 것의 개인화에 대한 몇 가지 개인적 사례일 뿐이다. 다시 말하지만, 무지한 영역에 대해서는 슬쩍 치고 빠졌다. 모든 개인은 이처럼, 본인이 의식적으로 알고자 하는 것, 어쩌다 보니 남보다 많이 아는 것, 남에게는 상식이지만 나는 전혀 모르는 것, 모두 모르는 것을 나도 모르는 것 등 이러한 집합을 이루는 원이 각자의 크기로 각자의 관계를 그리며 자리하고 있을 것이다.

앎의 여러 기능 중 하나는 상대와의 대화를 풍성하게 해주는 것이다. 그리고 대화의 여러 기능 중 하나는 서로가 가지고 있는 앎이 그린 원들의 지형도를 파악하는 일이다. 불행히도 모든 원이 불일치하는 경우 우리는 (같은 직장에 있는 경우라면) 회사 이야기밖에 할 것이 없다. 그중 인간의 성향상 험담이 더 많을 것이다. 그러나 누군가는 내 앎의 원과 교집합이 생기는 그의 원이 있는 것을 알게 될 수도 있다. 그것이 예를 들어 '맞춤법'이라면 서로 아는 것들을 주고받으며 즐겁게 놀 수 있다. "요즘은 '엿줘본다(여줘본다)'라고 하는 사람도 있다면서요." 하면서 기꺼이 파안대소할 수 있다. 내 원이 더 크면 슬쩍 으스대면서 몇몇 이야기를 더 할 수도 있고, 나름의 자신 있는 분야였는데 상대의 원이 더 크다는 것을 알게 되면 짜증이 좀 나긴 하지만 그래도 그에게 듣고 배우며 그 또한 즐기게 되는 것이다. 그렇게 각자의 앎의 영역이 커질 수 있다.

그러나 돌이켜보면 그런 대화는 드물다. 앎의 개인화라는 것이 말 그대로 더욱 개인화가 되고 있는지도 모르겠고, 이제는 모두가 굳이 앎이라는 것을 챙기지 않는지도 모르겠다. 지식이란 내가 바로 검색해서 알 수 있기 때문에 내가 아는 것과 모르는 것이 아닌, 내가 검색하지 않은 것과 검색한 것으로 나뉘는 시대라는 말을 들었다(그것도 유튜브에서).

대화라는 것이 서로의 지식을 뽐내는 자리일 리는 없다. 서로의 이야기를 제대로 듣고 그것에 대해 말하며 공감하는 것이 대화의 가장 훌륭한 덕목인 것은 자명하다. 물론 대화를 하며 정말 상대의 말을 제대로 듣는지,

혹은 자기의 할 말만 준비하고 있는지에 대해서도 이야기할 수 있는데 그건 다른 기회에 하도록 하자. 어쨌든 '앎'은 대화를 혹은 상대와의 공감대를 위해 어느 정도 역할을 한다는 것, 그 원들의 지형도를 맞추면서 이야깃거리를 찾는 즐거움도 무시할 필요는 없다는 것. 예를 들어 사람의 몸을 이루는 원소들이 모두 별에서 왔다는 것을 아는 사람은 주위에 나밖에 없다는 말을 들으면서, 얼마 전 쏘아 올린 제임스웹 망원경이 촬영한 딥필드에 대한 화제로 진행되는 대화는 나름의 가치가 있고 즐거운 일이 아닌가 하는 것이다.

도시, 전주

전주를 처음 방문한 것은 2000년, 제1회 전주국제영화제가 그 목적이었다. 2000년, 그러니까 첫 방문 때는 영화를 섭렵하겠다는 끓는 피로 영화 동아리 후배들과 전주로 향했다. 정성일, 김소영, 김준양이 프로그래머로 있었던 1회에는 그야말로 신기한 영화들이 많았다. 알렉산더 소쿠로프의 〈몰로흐〉는 히틀러를 소재로 하는 영화라는데 초점이 맞는지 아닌지도 잘 모르겠는, 이야기가 진행되는지 아닌지도 잘 모르겠는 꿈결 같은 영상의 작품이었고, 그래서인가 나 포함 함께 본 3명의 일행은 각기 다른 지점에서 빅 슬립을 했다. 서로 깨어있던 곳의 이야기를 조합해도 이야기가 이어지지 않는 걸 보면 모두 잠이 든 시간이 더 많았던 그런 영화 감상 혹은 경험을 했다.

학교에서 애니메이션 영화제를 열어본 뿌듯한 경험이 있음에도, 퀘이 형제는 도대체 누구지 하는 마음으로 〈악어의 거리〉를 보면서 그 어둠을 체험했다. 류승완의 〈죽거나 혹은 나쁘거나〉를 보고 GV를 위해 정성일 평론가가 들어오는데, 나와 일행은 GV 시작 전에 퇴장하려 했고, 하필이면 극장 바닥이 삐걱거리는 소리가 나서 (우리 3명 때문에 되게 삐걱대기도 했다) 정성일 평론가가 그 소음에 대해 우리 등 뒤에 대고 이야기를 해 화끈거렸던 또 하나의 경험과 함께, 그러나 십수 년이 지난 후 그에게 당시 이야기를 하자 기억하지 못했다는 후일담이 있다.

크리스티앙 부스타니의 '과거에서 온 도시' 시리즈를 보며 이런 영상의 영화라는 것도 있구나, 하는 또 하나의 체험과 함께 서울로 올라가기 직전 마지막으로 전북대 문화관에서 본 미이케 다카시의 〈오디션〉은 이 영화가 왜 공포영화인가 했다가 중반 이후로 그곳에 모인 수많은 관객이 일동 롤러코스터를 타는 것처럼 비명의 파도타기를 체험했다. 영화를 보고 전주역까지 걸어가는 늦은 밤, 우리는 '끼리끼리'(영화를 본 사람은 안다)를 외치며 낄낄댔고, 그렇게 서울로 올라갔던, 그러고 보니 2000년의 전주는 영화를 체험할 수 있게 했던 도시였다. 그때는 그랬다. 열심히 봤다. 그리고 전주가 미식의 도시였는지는 알지 못했다. 전북대 근처 분식집에서 비빔밥을 먹으면서 "이게 전주비빔밥이래" 이랬다.

그 후로도 몇 년간 대학 선후배와 함께 전주국제영화제를 찾으면서 나름 영화를 열심히 찾아보려 애썼지만 이상하게 1회만큼의 인상적인 기억은 남아있지 않다.

그러다 한 번쯤 가본 유명한 비빔밥집, 유명한 콩나물국밥집이 아닌 현지인들이 소개하는 방대한 식당 리스트를 손에 쥐고 내려가면서부터 내게 전주는 더 이상 영화의 도시가 아니게 되었다. 그럼에도 왜 굳이 영화제 기간에만 전주를 갔는가 하면, 영화제가 열리는 전주는 아무래도 축제 분위기가 있었고, 4월 말에서 노동절을 사이에 둔 5월 초까지 가장 날이 좋을 때이기도 했다. 여행하기 좋았고, 영화라는 백그라운드가 있는 도시 느낌이 괜찮았다.

이때부터 사람들이 바글거리는 영화의 거리 주변 음식 말고 조금 멀리 떨어진 식당들을 찾았는데 그때만 해도 백일홍은 손님이 그리 많지 않은 만두, 찐빵집이었다. 중화산동의 깐쇼새우(식당 이름이 이렇다)도 단골이었고, 모악산 근방의 청국장집도 좋아했다. 지금은 거의 사라진 전라북도 옛 도청 자리의 백반집도 자주 찾았다. 그러고 보니 이젠 누구도 전주에서 백반을 먹지 않는 것 같다.

코로나19로 여행이 제한되던 시기가 지나고 오랜만에 전주를 다시 찾았다. 이번에는 출장으로 방문했기 때문에 영화제 프로그램을 꼼꼼하게 따라가긴 했지만, 그 외에는 도시, 전주를 돌아다녔다. 전주도 예외 없이 코로나의 직격탄을 맞은 지방 도시였다. 객사길은 북적였지만 거기서 얼마 떨어지지 않은 PNB 풍년제과 사거리만 봐도 풍년제과를 제외한 모든 건물이 텅 비어 임대 종이가 붙어있었다. 이곳뿐 아니라 대로변의 많은 건물이 비어있었는데, 불과 3년 전과도 다른 모습이었다.

도착 첫날에는 서울에서는 좀처럼 먹기 힘든 물짜장을 먹기 위해 새로운 중국집을 찾았다. 전주에서 먹는 네 번째 물짜장(일품향, 홍콩반점, 노벨반점, 그리고 대보장)인데 어째 모든 물짜장의 맛이 다 다르다. 물짜장은 표준 레시피 같은 게 없는 것인가. 이번에 먹은 대보장의 물짜장은 색이 좀 더 노랗고 후추 향이 강했다. 이미 관광객에게도 알려졌는지 영화제를 찾은 것 같은 외지인으로 보이는 젊은 손님들이 절반 있었고, 그로 인해 만석이 되어 현지인으로 보이는 노인들이 꽤 짜증 섞인 표정으로 내 뒤에서 대기하며 서 있었다. 대보장 앞은 처음 보는 공간이었다. 트인 공간에 새로 지은 것 같은 전통 건물이 있었는데, 들여다보니 전라감영이란다. 예전에도 이런 곳이 있었나? 없었던 건 확실한데, 그럼 이곳은 예전에 뭐 하던 곳이었더라. 알고 보니 옛 도청 부지였다고 한다. 그때는 예전 건물이 있었던가? 공사 중 펜스가 처져 있었나? 기억이 희미하다.

그날 저녁은 오래전부터 단골이었던 홈플러스 앞의 야식정통우동을 찾았다. 이 집은 오후 6시부터 밤을 꼴딱 새워 장사하는 곳인데 그러고 보니 코로나 시국 때는 어땠으려나. 메뉴는 십수 년 전과 똑같다. 오래된 방식의 우동과 감자가 크게 들어간 짜장면, 그리고 바로 싸주는 김밥. 가격은 많이 올랐지만, 맛은 예전 그대로였다.

둘째 날은 중앙시장 쪽을 찾았다. 실은 근처 몇몇 먹거리 리스트를 손에 쥐고 있었고 그중 하나가 시장 안 호떡집이었다. 할머니 두 분이 찹쌀로 반죽한 호떡을 내놓는 곳으로 바로 호떡을 지져 가위로 잘라 스뎅 접시에 내줬다. 그곳은 호떡과 함께 오뎅이 유명한데, 처음 앉았을 때만 해도 오뎅에는 별생각이 없어 D만 오뎅을 주문하고 "전 됐어요." 그랬다. 그랬더니 할머니 중 한 분이 '안 먹는다고?'라는 느낌이 그대로 전달되는 어떤 말을 하셨고, 난 속으로 '먹는 건 내 마음이지' 하고 궁시렁댔다.

텅 비어있던 작은 노점 자리에 어느새 사람들이 가득 들어와 앉았다. 대보장과는 달리 모두 현지인으로 보였다. 나이 드신 분, 어린이, 이런 손님들이 왔었으니까.

그러는 사이 호떡과 오뎅이 나왔다. 그런데 이 오뎅이, 일반적으로 먹던 오뎅이 아니었다. 작은 그릇에 맑은 국물이 담겨 있고, 매우 얇고 작게 손질된 오뎅을 탁 풀어 놓으니 경쾌하게 (오뎅이 경쾌하다?) 국물에 조각조각 퍼지는 모양이, 문득 정말 먹고 싶어지는 거였다. 그래서 "저도 주세요." 했다가 할머니에게 "아까는 안 시키더니 (쯔쯔쯔)"라는 말을 듣고 터프하게 오뎅을 건네받았다. 맛있더라. 놀랍게도 이번 전주에서 먹은 음식 베스트 3에 든다. 그때가 되니 자리는 이미 만석이었다. 이상하게 D와 내가 빈 음식점에 들어가 있으면 손님이 꾸준히 들어오는 마법을 자주 경험한다.

그 이후로 계속 걷다가 가려고 했던 태평집까지는 가지 못하고 중간 어디쯤 사람이 무척 많았던 전주 칼국수에서 요기를 한 다음, 다시 걸어 올라온 웨딩거리 어디쯤에서 노매딕 브루잉 컴퍼니를 발견하게 된다. 전주에는 거북선브루잉만 있는 줄 알았고 그마저도 영화의 거리에서는 사라져 아쉬웠는데, 눈앞에 떡 하니 서 있는 노매딕 브루잉은 아주 영롱했다. 한쪽은 양조 공간으로 브루잉 설비가 가득했고, 다른 한쪽은 손님을 받는 홀이었다. 그러나 문은 저녁에 연다는 표지판이 보였다. 안쪽

어둑하게 보이는 냉장고 안에 있는 먹음직스러운 캔이라도 산다고 들어가 볼까 했는데, 외국인 한 명이 계속 왔다 갔다 하는 모양새가 괜히 들어갔다가 말도 안 통하고 허둥댈 거 같아 저녁을 기약하고 발걸음을 돌렸다.

저녁에 다시 찾은 노매딕은 홀에 사람이 가득한 그야말로 핫플레이스였다. 전주의 많은 공간이 죽어있다고 생각했는데 여기만큼은 자리가 없어 대기가 걸릴 정도였다. 누가 외지인이고 누가 현지인인지 구분할 수 없는 왁자한 펍 분위기가 제대로였고, 서빙도 프로페셔널했으며, 자체 생산 맥주들도 모두 맛이 좋았다. 시그니처인 노메디카(아메리칸 IPA)와 글램핑(크림 에일)으로 시작했다. 기분 좋은 홉 향이 입에 가득 찼다. 그다음은 죠츠(레몬그라스 에일)와 전주 배가 들어갔다는 페얼 오브 페어스(사워 에일). 날카롭지 않은 신맛이 일품이다.

그날은 영수증 테이블 칸에 '코트 야드'라고 쓰여있는 건물과 건물 사이 야외 자리에 앉았는데, 조명도 없고 홀 서버도 미안해하며 안내하는 걸 보니, 손님들이 그다지 선호하는 자리는 아닌 것 같았으나 D와 나는 만족했다. 좋은 맥주와 함께 약간 서늘한 봄밤을 즐길 수 있었다. 어니언 링과 피자를 안주 겸 저녁으로 먹었는데 모두 훌륭했다. D가 크래프트 펍을 잘 안 가는 이유 중 하나가 맥주에 공을 들이는 것만큼 음식을 제대로 하는 곳을 거의 보지 못했다는 지론. 그러나 이곳은 음식도 좋았다. 요식업에 일가견이 있는 D도 인정했다. 한껏 기분이 좋아진 나는 양조 설비를 배경으로 서서 맥주를 마시는 척하며 사진을 남기는 저레벨 주접을 펼쳤고, 살짝 취해 기분 좋게 숙소로 들어갈 수 있었다. 이렇게 노매딕이 올해 전주 베스트 1위가 되었다. 오뎅은 3위. 그럼 2위는 뭐지.

마지막 날, 서울로 올라가기 전 점심을 먹으러 간 곳은 전라북도청 근처 고깃집이었다. 영화의 거리와는 제법 먼 술집과 식당으로 빼곡한 구역인데, 이 고깃집이 점심에 내놓는 육회비빔밥이 일품이라는 소문에 찾았다. 맞다. 이 육회비빔밥이 베스트 2위가 된다. 정육 식당에서 내놓는 육회가 어찌나 푸짐하던지, 만족스럽게 전주의 마지막 식사를 할 수 있었다.

그러고 보니 이날 오전에는 이번 전주 방문 후 처음으로 한옥 마을을 걸었다. 전동성당은 대대적인 공사 중이었고, 어린이날을 맞아 사람들이 쏟아지는 중이었다.

오전이라 아직은 덜 붐비는 듯했지만, 베테랑 칼국수는 이미 웨이팅이 시작됐다. 그래도 코로나 때문인지 길거리 음식이 많이 줄어 덜 유원지스러웠달까. 의외로 한적해 전주에 올 때마다 찾는 향교에도 잠시 머물렀다.

글을 쓰며 생각해보니 전주에 대한 기억이 여럿 떠오른다. 영화제 말고도 전주를 방문한 건 모두 다섯 번이다. 그때마다 함께 간 사람들이 모두 다르고, 영화제가 이미 20년이 넘었으니 전주를 방문한 건 열다섯 번도 넘을 것 같다. 명실상부 가장 많이 방문한 도시다. 그러면서 생각난 또 하나는, 첫 전주 방문이 어쩌면 2000년 이전일지도 모르겠다는 것이다. 중학교 친구 Y와 남해 여행을 갔다가 밤에 차를 타고 올라오면서 즉흥적으로 전주에 들른 적이 있다. 날도 늦었는데 전주에 들러 비빔밥이나 먹고 다음 날 아침에 올라갈까? 그랬던 반나절의 전주 여행이 있었다. 결국 밤에 문을 연 식당을 수소문해 겨우 뭔가를 먹고 여관방에서 잔 기억이 있다.

마지막으로 동포만두 이야기를 하고 끝내자. 언젠가 입수한 현지 식당 정보 리스트에는 '만두는 동포만두, 찐빵은 백일홍'이라는 선언과도 같은 말이 쓰여 있었다. 그 말 그대로 동포만두는 만두가 맛있었고 백일홍은 찐빵이 맛있었다. 그렇게 몇 년을 족족 두 집 모두 방문했는데 어느 해인가, 동포만두가 사라지고 없었다. 지금은 백일홍에서 만두와 찐빵 모두 해결한다. 물론 백일홍 만두도 맛있다. 그럼에도 백일홍과 그리 멀지 않은 코너에 자리 잡은 동포만두에서 김을 풀풀 날리며 만두를 쪄내던 모습은 지금도 눈에 선하다. 그 집 주인이 어디 다른 곳에 차렸나 싶어 검색을 해봐도 쉽게 정보가 뜨지 않는다. 폐업한 식당 중 하나일 뿐인데 이상하게 기억에서 사라지지 않는다.

사실 전주 미식 여행이라는 게 그렇다. 절대적인 숫자로 놓고 보면 맛있는 식당은 서울이 훨씬 많을 것이다. 혹은 같은 음식이라도 전주에서 먹었기 때문에 후하게 받아들인 것도 있을 것이다. 동포만두의 만두도 서울 어디쯤에서 사 먹는 그런 만두와 크게 다르지 않았던 것일 수도 있다. 그렇다고 모든 경험을 냉정하게 객관화하는 것은 그럴 수도 없고, 그럴 필요도 없지 않을까. 전주는 나에게 미식의 도시로 각인되어 갈 때마다 새로운 식당을 가지만 높은 확률로 성공하는, 그리 비싸지 않은 음식을 맛있게 먹을 수 있는 도시이고 별일 없는 한 앞으로도 그럴 것이다. 정작 데이터화하면 혀와 뇌가 일치하지 않는 거짓이라 들통 날 수도 있지만, 설령 그런다 해도 어떠한가. 그 누구에게도 해를 주지 않고, 나에게는 많은 득을 주지 않는가. 그건 즐거운 일이다.

6월의 완벽한 맥주

강원도 고성을 하루 종일 드라이브하고 마지막으로 들른 해변은 삼포해수욕장이었다. 6월의 조금 이른 휴가, 고성의 바다는 하나같이 파랬고 작고 깨끗했으며 사람이 없었다. 송지호 해변에는 말 그대로 정말 아무도 없었고, 화진포는 넓은 곳이었으나 서퍼 몇몇이 있을 뿐이었다. 마차진해수욕장은 적막했고 바로 옆 리조트에서 나온 가족들만 쓸쓸하게 놀고 있었다. 그들이 왜 그렇게 쓸쓸해 보였는지는 아직도 잘 모르겠다.

삼포는 사뭇 달랐다. 해변에 사람이 많았고, 리조트와 붙어있는 식당에는 연기를 풀풀 날리며 고기를 굽는 휴양객들이 꽉 차 있었다. 사람들이 다 여기에 있었구나. 아무도 없는 곳에서 그 공간을 나만의 것으로 만끽하는 것도 근사하지만, 사람들이 적당히 북적이는 곳에서 활기를 느끼는 것도 휴가의 또 다른 즐거움이긴 하다. 그리고 삼포해수욕장에는 문베어브루잉의 맥주를 판다는 미픽펍이 있었다. 나는 D와 함께 여름휴가를 빙자해 속초의 맥주 투어를 하는 중이었다.

휴가 첫날, 이미 속초의 브루어리 펍 두 군데를 다녔다. 영랑호를 걷다 빠져나와 택시를 잡아타고 몽트비어까지 갔다. 메이플 에일과 피치 화이트 쥬시를 마셨는데, 메이플 에일 쪽이 더 개성 있고 맛이 좋았다. 진득한 단맛과 맥주가 잘 어울렸다. 속초에서도 외진 곳에 있어 작정하고 와야 올 수 있는 그런 곳이라 사람은 많지 않았다. 그러다 크래프트루트까지 걸어서 갈 수 있는 곳이라는 걸 알게 됐고, 여름 늦은 오후, 살짝 취한 상태로 나와 D는 크래프트루트까지 걸었다. 1.5킬로미터. 황량한 곳. 원래 용도가 무엇이었는지 궁금한 둥근 건물에 브루어리 펍이 있었다. 6pm 베를리너 바이세와 9pm 뉴잉글랜드 IPA를 주문했다. 속초중앙시장과 MOU를 맺기라도 했는지, 크래프트루트의 맥주들은 시장 곳곳에서 보였지만 이 두 맥주는 처음 보는 것이었다. 평소에 뉴잉을 좋아하긴 하지만 이날은 망고와 패션프루트 퓌레가 들어가 가볍고 신맛이 강한 6pm 쪽이 마음에 들었다. 여름인 탓이다. 하지가 눈앞에 있어 2차까지 갔는데도 날은 밝았다. 통창 너머로 보이는 울산바위가 그럴싸했다.

    고성은 맥주를 마시기 위해 간 곳은 아니었다. 문베어브루잉이 고성 어딘가 있다고 하는데 지도를 찍어보니 아무래도 탭하우스는 더 이상 운영하지 않는 모양이었다. 전날 밤 숙소에서 유튜브를 보며 찍은 고성의 명소를 돌다 삼포해수욕장의 미픽펍에서 문베어브루잉의 맥주를 판다는 사실을 알게 됐고, 갈까 말까 하다가 숙소로 돌아가는 길, 한번 가보자, 그렇게 들른 곳이다. 석양이 내리기 직전, 마법의 시간이었다.

그렇게 들른 미픽펍에서는 엉뚱하게 고성수제맥주라는 걸 판매하고 있었다. 맥주마다 고성의 온갖 해수욕장 이름을 붙여놓고 있었다. 문베어브루잉 맥주는 없느냐고 하니까 그것도 있다고 한다. 딱 두 개. 고성수제맥주는 6종. 그러면서 점원은 얼마 전 문베어브루잉이 교촌으로 인수되었다는 고급 정보를 알려줬다. 잘 된 건가. 예상치 않게 고성수제맥주를 새롭게 알게 되었다.

고성수제맥주는 캔 6종을 선물 세트처럼 박스에 넣어 팔고 있었다. 물론 샀다. 그런데 캔으로 팔지 않는, 탭으로만 판매하는 맥주가 보였다. 제대로 만들어진 메뉴판이 아닌, 종이에 쓰여 탭 뒷벽에 엉성하게 붙어있는 맥주의 이름. 그중 하나는 바로 이곳, 삼포해수욕장의 이름을 딴 삼포에일이었다. 벽에 붙은 종이가 초여름의 저녁 바람에 미세하게 흔들리고 있었다. 그건 지금이 아니면, 여기가 아니면 마시기 힘든 로컬 맥주라는 귓속말 같았다. 그러나 나는 차를 가지고 왔고, D는 운전을 하지 못한다. 속초까지는 운전해서 20여 분. 그렇다면 나는 어떤 선택을 해야 할 것인가.

시간을 조금 돌려 1년 전, 나는 친구들과 제주에 있었다. 제주브루어리 투어 한번 가볼래? 맥주도 준대. 내가 제안했고, 친구들의 동의를 끌어냈다. 내가 홈페이지에 들어가서 예약도 했다. 그리고 제주브루어리에 도착해 누가 운전할 것인가, 즉 누가 술을 먹지 못할 것인가로 운명의 가위바위보를 했고, 한방에 내가 패했다. 결국 난 내가 가자고 했던 그곳에서 쥐똥만큼만 맥주 맛을 보고 원통하게 제주브루어리를 나와야 했다. 1년 후, 다시 미픽펍에서 같은 일이 반복되는 중이다. 나의 고민을 눈치챘는지 점원은 투고가 가능하다고 했다. "드래프트를 투고해주신다고요?" 페트병에 담아주나 했더니 그건 아니고, 카페에서 사용하는 일회용 플라스틱 컵에 담아주고 거기에 뚜껑을 닫아주는 시스템이었다. 저거 김이 다 빠질 텐데, 가는 데 20분 걸리는데. 점원은 뚜껑에 살짝 테이프도 붙여줬다. 저 정도면 과연 나의 맥주가 견뎌줄 수 있을까.

송지호 골든에일, 아야진 페일에일 따위의 캔이 든 박스 세트를 한 손에 들고, D와 나는 다른 손에 신제품 맥주 2종을 각각 일회용 잔에 담아 차에 올랐다. 막 탭에서 빠져나온 차가운 맥주가 플라스틱 컵을 통해 그대로 전달됐다. 20분, 맥주가 견뎌야 하는 시간이다. 맥주의 김이 빠지기 전에, 시원함이 사라지기 전에 숙소에 도착해야 한다. 시동을 걸고, T맵을 켰다. 에어컨을 풀가동했다. 그리고 달렸다.

고성에서 속초로 가는 길, 마법의 시간은 여전했고, 하늘과 구름은 더할 나위 없는 풍경을 만들고 있었다. 습기가 점령하는 여름이 오기 전, 6월은 기온이 아무리 높다 해도 불쾌하지 않다. 이제 막 시작된 더위는 활기 넘치는 청년 같다. 유쾌하고 힘이 있다. 내가 사랑하는 계절이다. 고성에서 속초까지, 그런 길을 달렸다. 이때 차에서 어떤 음악이 흘렀는지는 기억나지 않는다. 빠른 음악이 나왔을까. 그런 음악이 어울렸을까. 글을 쓰는 지금 들리는 피터 브로데릭의 'Eyes Closed And Traveling' 같은 고요한 피아노 음악도 어울렸을 것 같다. 사실 맥주를 품고 20분을 달리는 이벤트는 그 자체가 모든 것일 수도 있다. 숙소에 도착해서 마시는 맥주가 정말 시원할지, 탄산이 얼마나 남아있을지 알 수 없다. 다만 그것을 지키기 위해 내가 좋아하는 계절, 마법의 시간에 바다를 옆에 끼고 달리는 순간은 이미 그로서 완벽하다. 신카이 마코토가 그린 것 같은 환상적인 여름의 비주얼에는 굳이 긴박한 음악이 필요 없다. 여름은 내 주위에 가득 찼고, 옆에서 찰랑이는 삼포에일은 이미 6월의 완벽한 맥주가 되어 있었다. 나는 계속 달렸다.

누가 먼저 연락을 하는가

오랜만에 지인의 안부를 묻기 위해 핸드폰을 들었다 멈칫한다. 늘 내가 먼저 연락하는 것 같은 기분이 들었다. 기분만이 아니고 실제로 내가 주로 먼저 연락을 했다고 데이터는 말한다. 아무것도 아닌 거긴 한데, 왜 난 멈칫한 걸까? 골똘히 생각하다 보면 '이 친구는 나를 별로 좋아하지 않는 건가, 나와 멀어지고 싶은데 내가 눈치 없이 연락하는 건가, 내가 귀찮나'에 이르게 된다. 손해 보는 것 같기도 하고, 내가 너무 없어 보이는 거 아닐까 잠시 고민도 한다. 하지만 연락해서 문자로 대화를 하고, 약속을 잡고 만나면 아무렇지도 않게 시간을 잘 보내고 헤어진다. 다음엔 내가 연락할게. 그렇게 말하며 그의 길을 간다. 그러나 그에게 연락은 오지 않는다.

SNS에 떠도는 인간관계 해법을 보면 주변에 절대로 먼저 연락하지 않는 사람들이 있지 않냐며, 실은 끊어내야 할 사람들이라고 말한다. "당신을 좋아하지 않는 것이 맞다. 당신을 호구로 생각한다." 정말? 그 정도일까. 그런가 하면 먼저 연락하지 않는 사람 입장에서 이야기해주는 전문가도 있다. 사람들이 자신을 많이 찾지만 내가 먼저 연락을 하는 경우는 없다. 그래도 나가면 잘 지내고 들어온다. 주변 사람들이 왜 너는 먼저 연락하는 법이 없느냐고 말한다. 그래도 연락은 먼저 하지 않게 된다는 거다. 전문가는 그런 사람들의 특성일 뿐 딱히 사람들과 관계를 끊고 싶은 건 아니라고 말해준다.

핸드폰을 내려놓으며 이번엔 먼저 연락 올 때까지 기다려볼까? 몇 달, 몇 년. 그러다 연락이 끊어지면 관계도 끊어지는 거지, 별수 있나. 쿨 회로를 돌리고 있는데 핸드폰이 울린다. 친구 J다. 술 한잔 걸치고 전철을 타기 전, 전철에서 내려 집까지 걸어가는 길 종종 나에게 전화를 하는 친구다. 대학 기숙사에서 만나 꽤 오랜 시간 친구로 지내고 있다. 그렇게 전화 연락이 되면 가끔은 주정을 받아주기도 하고 퇴근 후 시간이 맞으면 만나서 술을 하기도 한다. 언젠가 J가 술에 꽤 취해서 비틀거릴 때, 나에게 부축받아 걸으며, 너는 말이야, 연락을 사실 내가 거의 다 하고…. 응. 쩝… 그래도 괜찮아 음. 100kg 넘는 체중이 나에게 실리며 그런 말을 들었다. J도 나에게 연락을 먼저 하며 이런 생각을 했구나. 종종 만나고 안부를 묻고, 술도 한잔 걸치면서 친구로 계속 지내고 싶어 하면서도 정작 내가 먼저 J에게 연락하는 경우는 드물다. 잘 알고 있다. 늘 그 친구가 나에게 연락을 해주니까, 내가 따로 연락하지 않아도 관계가 유지된다고 생각해서 일 것이다.

관계에는 여러 가지 형태가 있는 것일지도 모른다. 늘 내가 먼저 연락하는 것 같은 사람들도, 나에게 늘 먼저 연락을 해주는 J도 나는 그들을 모두 좋아하고 관계가 계속되기를 기대한다. 어쩌다 보니 그런 방식의 관계를 맺게 된 것뿐이다. 사람과 사람을 잇는 방법이 한 가지뿐 일리는 없다. 어떤 사람에게는 주로 내가 먼저 연락을 하고, 어떤 사람에게는 내가 주로 연락을 받게 된다. 정말 오랜만에 뜬금없이 연락이 와서 반가운 사람도 있고, 꽤 자주 만나다가도 어느 순간 연락이 끊겨 이제 다시 볼 수 없을 것 같은 사람도 있다. 몇 년마다 가끔 전화하는 후배도 있다. 나는 후배에게 술에 취할 때만 가끔 같은 내용의 문자를 보내기도 한다. 야, 너 J 안다며! 보낸 직후 1년 전에 똑같은 문자를 보냈다는 사실을 알게 됐다. 메신저로는 하루가 멀다고 대화를 하지만 실은 만난 지 오래된 사람도 있다(잠깐, 정말 그 사람을 본 지가 그렇게 오래된 건가). 그러나 이 모두가 나를 둘러싼 관계인 것이다. 관계의 좋고 나쁨, 끈끈함과 경직됨, 따뜻함과 차가움, 이런 속성과는 상관없는 그저 방식의 차이일 뿐이라는 것이다. 맞는 것 같다. 그렇게 생각을 정

리하려고 했는데, 요 며칠 스멀스멀 다른 생각이 밀려온다. '그런데 정말 그게 맞는 걸까?'

실은 그게 다가 아닐지도 모른다. 연락을 먼저 하는 사람의 수고, 그걸 공짜로 누리는 편리한 게으름. 이걸 관계의 다양성이라는 말로만 퉁치는 것은 맞지 않을 수도 있다. 얼마 전까지 관계의 다양한 모양을 믿는 쪽이었다. 어차피 그런 사이였는 걸 연락 순서를 따지는 게 무슨 의미가 있나. 그 이상을 생각하지 않았다. 그러나 어느 한쪽은 분명히 살짝 무심한 것이고, 그 '살짝'이 '살짝'으로 머물러있을 때는 상관없지만, 그것이 점점 커지게 되면 관계라는 것이 이미 끝난 상태가 되었을 수도 있다. 요즘 작은 무심함이 나도 모르게 커질 수도 있다는 생각을 하고 있다. 이미 그런 시간의 길이를 경험한 나이가 되었다. 그 무심함의 소유자는 나일 수도 있고 상대일 수도 있다.

요즘 나에게 주로 먼저 연락하는 친구들에게 슬쩍 먼저 말을 거는 중이다. 생각해보니 J만 그랬던 것이 아니다. 내 무심함을 줄이는 작업일 수도 있고, 나의 수고로움을 자처하는 것일 수도 있다. 그래도 늘 나만 편리할 수는 없지 않은가. 편리함은 천천히 사람을 죽인다.

그리고 상대도 불현듯 연락을 받는 즐거움을 누릴 필요가 있다. 나와 멀어지고 싶은 사람이 아니라면, 기대하지 않았던 연락을 받는다는 것은 분명 즐거운 일이니까.

한편, 나만 연락하는 것 같은 사람들에게도 당분간 먼저 연락을 할 것이다. 갑자기 변하는 것은 없다. 하지만 충분한 시간이 쌓이면 관계가 사라지고 상대의 무심함만 남은 순간이 왔음을 자연스레 알게 될 것이다. 그 시간이 얼마나 오래일지 혹은 얼마나 금방일지는 알지 못한다. 그 순간 불이 꺼지듯 느려지고 블랙홀에 잡아먹히는 중성자별처럼 관계는 사라지게 된다.

날씨의 아이러니

대학생 때, 동아리 방에 들어가자 후배 중 한 명이 나를 부르며 이것 좀 같이 보자고 했다. "뭔데?"라고 앉아서 본 건 짧은 애니메이션이었고, 제목은 〈온 유어 마크〉라고 했다. 차게 앤 아스카의 동명 노래를 미야자키 하야오가 애니메이션으로 뮤직비디오를 만든 거였다. 노래도 좋고 작품도 좋고, 그 당시 동아리 방에 있던 많은 사람은 다시 한번 지브리에 홀딱 반하고 말았다. 어지간하면 애초에 졸업을 해야 했던 골수 운동권 선배도 담배를 피우며 험한 말을 했는데, 하여간 일본 놈들 존나 이런 거 존나 잘 만들어, 대강 이런 뜻이었다. "와, 이거 슈퍼 VHS로 보니까 화질도 정말 죽여요." 그렇다. 당시에는 그런 포맷도 있었다. 화질이 디지베타 비슷한 거였으려나.

그들처럼 나 역시 〈온 유어 마크〉에 반했다. 어쩌면 가장 여러 번 본 영화는 다름 아닌 〈온 유어 마크〉일지도 모르겠다. 그리고 내가 유독 좋아하는 부분이 따로 있었으니, 그건 마지막에 나오는, 천사가 날아오르는 장면의 배경인 하늘이다. 구름이 걷히기 시작하며 파란 하늘이 막 드러나기 시작한, 큼직하고 낮은 구름이 아직 많이 남아있지만 이미 해가 나와 구름에 다양한 색을 입혀주는 순간의 그런 하늘 말이다. 한마디로 폭풍이 물러나기 시작하는 하늘의 모습. 그리고 그건 내가 가장 좋아하는 날씨이기도 하다. 지금도 그런 하늘을 보면 난 "와, 〈온 유어 마크〉 하늘이다"라고 말한다. 그러면 옆에 있던 사람이 말한다. "뭐라고?"

수직으로 높게 솟은 적운 또는 〈온 유어 마크〉에 나온 적란운을 좋아한다. 이런 구름은 전형적인 여름 날씨를 만들어주는 시각적으로 훌륭한 구성 요소가 된다. 여기에도 약간의 디테일이 있는데, 푸른 하늘에 흰 적운이 솟구친, 매미가 요란하게 울어 대는 소리가 어울릴법한 구름도 충분히 사랑스럽지만, 폭풍이나 비가 지나간 직후, 밑면에 거뭇한 빛깔이 남아있는 구름이 더 좋다. 그리고 그 시간이 매직아워 직전 해가 지기 전 사선으로 빛이 눕는 시간이라면 더할 나위 없겠다. 기온은 섭씨 15~25도, 미세먼지 없는 청명하고 건조한 공기까지라면 완벽한 조건이 된다. 써놓고 보니 이 모든 조건을 충족하는 날씨를 평생 몇 번 만날 수 있을까 싶기는 하다. 물론 이 중 몇 가지 조건만 충족해도 훌륭하다.

이런 가정을 해보자. 집에 가만있는데 창밖에 가장 사랑하는 날씨가 보인다. 그럼 난 무엇을 할 것인가. 당장 밖으로 나가 날씨를 만끽할 것인가. 그것이 그렇게 간단하지가 않다. 집에서 빈둥대며 몸의 최대 면적을 바닥에 붙이고 있는 것을 너무나 사랑하는 나머지, 쉽게 몸을 일으키지는 못하면서 창밖을 보며 나가야 하나 말아야 하나, 안 나가기에는 너무 아까운 날씨인데, 그렇다고 몸을 일으켜 걸어나가야 한다니 그것도 큰일이야. 이런 괴로운 생각을 끊임없이 한다. 마치 무한루프에 걸린 코딩처럼. 결국, 나 자신이 너무 소모적인 고민을 하고 있다는 걸 깨달으면서 굉장히 찜찜하고 한심한 상태가 되어 버린다. 그러다 어느덧 매직아워는 끝이 나고 금세 날은 어두워진다. 비로소 나는 한숨을 돌린다. '지금은 나가봐야 아무 소용이 없으니 집에 있을 수밖에 없는 거잖아? 이제는 집에 있을 수밖에 없네, 뭐' 하면서 갈등은 끝이 난다.

그러나 매직아워라는 조건만 버린다면, 일요일 아침 블라인드를 젖혔을 때, 밤새 온 비가 새벽부터 거짓말처럼 개었고, 먼지 하나 없어 멀리까지 선명히 보이는 청명한 공기에 미처 다 물러나지 못한 구름이 빠른 속도로 이동하는, 그래서 강 너머의 산에는 구름의 그림자가 흘러가는 게 보이는 빛나는 아침. 여름이지만 아침이므로 분명히 걷기도 쾌적한 온도일 것이다. 이런 날씨가 아침부터 지속된다면 나의 힘든 고민은 더 길어진다. 그렇다고 다시 블라인드를 닫을 수도 없고, 괴롭다.

물론 밖에 나가기도 한다. 그냥 걷기도 하고 자전거를 타기도 한다. 가끔은 등산도 한다! 그럴 때는 100퍼센트 만족한다. 너무 만족하는 나머지 무리하게 자전거를 타서는 다음 날 고통스럽게 일어난다. 더 드물게는 블라인드를 연 휴일, 정말로 오전 8시 전에 밖에 나가 걸을 때도 있다. 그럴 때면 '정말 상쾌하고 기분이 좋네, 앞으로 이런 산책을 좀 더 하면 좋겠다. 이렇게 좋은데 왜 방구석에서 그런 고민을 하고 누워있지'라고 생각하지만 역시 생각처럼 간단한 게 아니다. 그 후로도 날씨가 좋다고 바로 몸을 일으켜 외출하는 그런 일은 생각만큼 자주 일어나지 않는다. 사람은 아는 것을 모두 실천하지는 못한다.

그러다 보니 내가 실제로 좋아하는 날씨는 분명히 있지만, 그 날씨를 즐기기 위해서는 귀찮은 마음과 무거운 몸을 극복해야 하고, 차라리 그런 고민을 하지 않아도 되는 거무죽죽한 날씨의 휴일이 찾아오면 되레 맘이 편하다. 비가 세차게 내리고, 바람까지 불면 금상첨화다. 이런 날 어딜 나가. 집에 드러누워서 넷플릭스 시리즈나 하나 더 보면 꿀맛인데. 좋은 날씨라서 밖에 나가지 못함에 대한 죄책감이 완벽하게 사라지는 것이다. 그렇게 마음이 편할 수가 없다.

    이럴 때 냉장고에 배럴 에이징된 임페리얼 스타우트가 있으면 좋겠다. 안 그래도 독하고 진득한 맥주인데 위스키이건 럼이건 다른 술의 배럴에 에이징된, 그 향까지 추가되어 더 독한 것 같은 맥주. 창밖 날씨를 보니 외출 가능성은 제로에 수렴한다. 바람은 더 거세지고 산 뒤로 우르르하는 소리도 들리는 걸 보니 곧 번개도 칠 것 같다. 이런 험한 날씨와 배럴 에이징 임페리얼 스타우트의 성질이 좀 비슷한 것도 같고, 한밤중이 아닌 시간에도 독한 걸 마신 다음 소파에 몸을 묻고 넷플릭스 썸네일 항해를 하다 깜빡 잠이 드는 것도 가능할 것 같다. 나쁘지 않다. 이쯤 되니 헷갈린다. 내가 정말 좋아하는 날씨가 무엇인지.

심연의 영화 1: 놀람의 법칙

아리 애스터의 〈유전〉은 개봉 전부터 기다린 영화다. "북미에서 개봉한 영화가 있는데 그렇게 무섭대"라는 소문도 소문이었지만 공개된 예고편이 내 취향이었다. 기묘한 분위기를 풍기는 꼬마, 그 아이가 가위를 들고 새의 목을 자르기 직전, 혀로 내는 똑딱 하는 소리, 인형의 집, 복도를 유영하는 정체 모를 빛. 모두 현실에 있을법한 이미지인데 솜씨 좋은 예고편 편집과 신경질적으로 그어대는 현악기 소리가 어우러지니 아주 그럴싸하게 무서운 분위기를 내는 것이었다.

비가 올 것 같이 잔뜩 흐린 토요일 오후, 신촌의 어느 극장에서 혼자 〈유전〉을 봤다. 관람석에는 손님이 많지 않았다. 영화가 시작됐고, 처음에는 그저 불길한 분위기만 영화 전반을 맴돌 뿐이었다. 사실 음산한 음악만 아니라면 이것이 공포영화가 맞나 싶을 정도로 평온했다. 그러다 이 영화에서 유일하게 관객을 놀라게 하는 장면이 나온 후부터 영화는 서서히 '나는 공포영화다'를 외치며 전진한다.

극장을 나설 때, 내가 극장을 나선다는 이유만으로 안심이 되는 영화가 몇 있다. 중학생 때 〈지옥의 묵시록〉을 보며 커츠의 광기에서 헤어나오지 못하고 극장 문을 나서는데, 을지로의 밝은 햇빛이 날 반겨줄 때 위안을 받는 느낌이 있었다. 〈곡성〉의 사악한 기운을 한껏 받아 지쳐있다가 극장 밖 홍대 술집의 번쩍이는 간판들을 볼 때 '그래, 저건 영화였지. 현실은 이렇게나 밝고 즐거워'라고 할 수 있었다. 그러나 〈유전〉을 보고 나온 신촌 거리는 더 어두워져 있었고, 안 오던 비도 후두두 떨어지는 중이었다. 영화에서 받은 음산하고 악한 기운이 현실에서도 진행 중이었다. 도무지 영화를 벗어날 수 없는 그런 느낌으로 우산을 쓰고 신촌의 후미진 언덕을 올랐다. 그러면서 생각했다. 이 영화 정말 마음에 드는구만.

공포영화를 좋아한다. 하지만 아이러니하게도 깜짝 놀라게 하는 장면은 여전히 적응이 되지 않는다. 잘 보지 못한다. 공포영화를 그래도 꽤 본 편이라서 문법은 익숙하다. 그래서 어떤 지점에서 나를 깜짝 놀라게 할 그 무언가가 튀어나온다는 것을 잘 안다.

예를 들어 카메라가 인물 가까이 다가가서 관객이 눈 돌릴 수 없게 만들고, 음악은 고조되고 분명히 뭐가 나올 것 같은 분위기에서 스크린 속 사람이 문을 열든, 커튼을 젖히든, 뒤를 돌아보든 했는데 아무것도 없는 순간 1초 후, 무조건 무엇인가 깜짝 등장하게 되어있다. 하지만 그걸 알아도 놀라는 것과는 별개의 문제다. 보고 있자니 내 몸 안의 오장육부가 목구멍 바로 아래까지 튀어 올라왔다 내려가는 걸 경험해야 하고, 실눈 뜨고 보고 있자니 내가 이러자고 돈과 시간을 들여 영화를 보러 왔나 싶어 자괴감이 들면서도 아무튼 이러나저러나 영화가 '자, 준비해. 이제부터 놀라는 바로 그 장면이야'라고 하면 나는 의도에 충실하게 아주 잘 놀라준다. 분하지만 쉬운 관객인 셈이다. 〈장화, 홍련〉에서 염정아가 싱크대 밑을 보는 장면에서 그래 어디 누가 이기나 보자며 두 눈을 부릅뜨며 버티다 기운이 쪽 빠진 기억도 있다.

그런 이유로 누군가 나에게 공포영화 중 가장 좋아하는 영화가 뭐냐고 물으면 망설일 것도 없이 스탠리 큐브릭의 〈샤이닝〉을 이야기한다. 아는 사람들은 알겠지만 이 영화에는 놀라게 하는 장면이 없다. 그럼에도 음산하고 무서우며 사악한 분위기는 영화 전반에 가득하다. 심지어 바닥 카펫의 패턴도 어딘가 수상하다. 무엇보다 공포영화 장르를 사랑하는 팬들이 "아니 왜 이 영화를 좋아하는 거야?"라고 되물어보지 않는 보편적인 명작이라 답하기에도 편리하다. 바로 이런 이유로 최근 좋아하게 된 감독이 〈유전〉의 아리 애스터다. 이 영화에서 딱 한 번 엄청나게 놀라게 하는 장면도 공포영화의 문법과는 전혀 관계없이 갑자기 다가오는 그런 것이다. 그 외에는 이야기와 분위기로만 몰고 가는데 정말이지 끝내주게 무섭다.

깜짝 놀라는 장면의 수와 영화의 무서움이 단순 비례 관계는 아닐 것이다. 1984년 (〈이티〉와 같은 날) 국내 개봉한 〈다크 나이트〉라는 영화가 있는데, 당시 '컴퓨터'로 공포 포인트를 계산해 만들었다고 광고했다. 한마디로 관객을 놀라게 하는 장면이 많다는 뜻이었고, 실제 나도 극장에서 내내 펄쩍 뛰어올랐는데 이제는 그 누구도 기억하지 않는 영화가 되었다. 공포영화에는 자고로 시커멓고 사악한 악의가 가득 들어차 있어야 한다. 〈유전〉이 그런 영화였다.

〈유전〉을 본 직후 아리 애스터의 차기작이 무엇인지 검색했고, 곧 〈미드소마〉라는 영화가 개봉한다는 정보를 찾을 수 있었다. 얼마 후 포스터가 공개됐고, 그곳에는 파란 하늘, 꽃이 가득한 언덕, 흰옷을 입은 사람들 이미지가 가득했다. 포스터를 보고 든 첫 생각은, '이 양반 아주 악질이네…'라는 것. 결국 〈미드소마〉는 포스터에 아주 솔직했다. 가장 밝고 화사한 영화가 얼마나 무섭고 괴기스러울 수 있는가를 실험하는 영화였다. 물론 훌륭하긴 했지만, 나는 아무래도 더 음험하고 직설적이었던 〈유전〉에 한 표를 얹는다. 그리고 이제는 세 시간에 육박하는 세 번째 영화 〈보 이즈 어프레이드〉를 기다리는 중이다.

    〈유전〉을 본 날, 우산을 쓴 채 어두운 신촌을 뚫고 간 곳은 뉴타운 펍이었다. 정확하게 기억나지는 않지만, 뉴잉글랜드 스타일의 더블 IPA를 마셨을 것이다. 홉 향이 매우 화사한 것 같지만 조금만 들이키면 바로 취하는, 실로 음험하다 하지 않을 수 없는 맥주다.

심연의 영화 2: 등대의 느낌

로버트 에거스의 영화, 〈더 위치〉와 〈라이트하우스〉를 연달아 봤다. 〈더 위치〉는 종교적인 이유로 마을에서 쫓겨난 가족이 외딴 숲 근처에 살면서 겪는 기이한 이야기다. 집이라는 공간 안에서 한 가족이 겪는 사악한 경험, 도대체 누가 이 악행의 근원인지 끝까지 모호하다가 겨우 밝혀진다는 것은 아리 애스터의 〈유전〉을 생각나게도 한다. 하지만 17세기의 거칠고 야만적인 분위기가 전반에 깔린 〈더 위치〉는 그만의 기묘한 느낌을 준다. 〈유전〉은 외따로 떨어져 있지만 잘 지어진 현대의 집이라는 공간에서 느껴지는 위안이 있다면, 〈더 위치〉의 흙과 나무로 지어진 절대 안락하지 않을 것 같은 그 공간은 자비가 없는 느낌이다. 영화는 내내 이 가족들에게 사악한 것들을 던지고 그들은 속수무책으로, 그리고 그들끼리 반목하며 그걸 받아낸다. 눈 깜짝할 사이 사라진 갓난아기와 마녀에게 씌어 죽은 아들이 어느 날 엄마에게 돌연 찾아온다. 그리고 엄마가 이제야 돌아온 아기에게 젖을 물리면서 느끼는 환희를 이 영화가 어떻게 표현하는지는 직접 봐야 한다. 〈더 위치〉는 선댄스영화제에서 감독상을 받았다.

〈라이트하우스〉는 로버트 에거스가 〈더 위치〉 바로

다음에 내놓은 영화다. 감독에 대한 기대가 한껏 올라간 터라 어떻게 볼 방법이 없나 찾다가 IPTV에 풀렸다는 소식을 듣고 검색했더니 결제 11,000원이라는 가공할 가격이 눈앞에 보였다. 결국 이런저런 포인트를 모두 긁어모아 떨리는 손으로 결제했다. 〈라이트하우스〉는 흑백이고 4:3의 화면비로 제작되었으며, 등장인물이라곤 단 두 명의 등대지기만 나오는, 이미 설정부터 독특한 영화다. 무엇보다 이 영화의 처음이자 끝인 '등대'라는 이미지는 애초부터 나에게 공포스러운 것이다.

이쯤에서 질문. 당신에게 등대란 어떤 이미지인가. 길을 잃은 자들에게 희망을 던지는 밝은 이미지인가. 정말 그러한가. 나에겐 그렇지 않다. 스티븐 킹의 작품에서 아무도 없는, 안갯속에 파묻혔지만 그 안에서 혼자 빛을 내는 등대가 여러 번 사용된 것 같고, 뭔가 괴상한 존재들이 걸어 나왔던 것도 같다. 비슷한 느낌으로 존 카펜터의 〈매드니스〉 속 무시무시한 마을에도 역시 등대는 특별한 존재였다고 기억한다. 그리고 제프 밴더미어의 '서던 리치 3부작' 중 첫 번째 『소멸의 땅』에서의 등대 역시 주인공이 도착해야 하는 목적지이고 그 자체가 또 하나의 음험한 공간이자 주인공이 된다. 게다가 끈적끈

적한 이미지다. 알베르트 산체스 피뇰의 『차가운 피부』에서 괴물들이 쏟아져나오는 곳도 등대가 있는 외딴 섬이다.

    등대란 아무도 없는 곳을 비추는 빛이지만, 그 누구도 제어하지 않는 혼자만의 기이한 힘으로 빛을 내는, 어둠을 밝히는 것이 아닌 어둠에 그만의 길을 만드는, 그러니까 암흑을 선도하며 칠흑 같은 종착지를 안내하는 그런 이미지로 나에게 각인되어 있다. 로버트 에거스는 이러한 등대를 전면에 꺼낸다. 외딴 섬, 폭풍이 몰아쳐 사람이 닿지 않는 등대만 있는 섬에 두 명의 등대지기가 도착한다. 선배 등대지기는 이미 절반은 미쳤고, 신입 등대지기는 그 안에서 급격하게 미쳐간다. 왜 미쳐가는지에 대한 과정은 이 영화에서 중요하지 않다. 거의 처음부터 그 둘은 격돌하고 정신은 피폐해져 있다. 관객은 그 광기가 어떻게 영화에 발현되는가를 보면 된다. 위층의 등대 불빛은 거의 완벽한 흰색이다. 아래층의 난장판에서는 흑과 백이 정신 사납게 뒤섞여있다. 4:3 화면비를 통해 그들이 고립된 좁은 공간에 갇혀있음을 그대로 보여준다. 등대 안도 그렇고 섬 자체도 그렇다. 출구가 없는 답답함과 절망감이 화면비와 함께한다.

〈라이트하우스〉는 흑백영화를 선택함으로써 영화 내내 흥건한 피를 검게 보여준다. 만약 이 영화가 컬러여서 그 모든 피가 실제 색으로 보였다면 되려 몰입에 방해됐거나 그로 인해 전혀 다른 영화가 되었을 것이다. 피는 낭자하지만 붉은색을 완전히 배제한 채, 이 영화는 색이 아닌 빛의 대비를 통해 딱 거기까지를 보여주고 싶다고 말한다. 리얼리티가 아닌 빛의 난장을 보여준다. 영화의 마지막 역시 강렬한데 〈더 위치〉에서 인상적이었다고 언급한 부분과 일맥상통한다.

아무래도 로버트 에거스의 영화를 보면서 팝콘을 우적거리거나 맥주를 홀짝이기는 힘들 것 같다. 다만 영화를 다 본 다음이라면 어울릴만한 맥주를 한 잔 따르고, 이 영화 참 굉장하네, 그렇게 몇몇 장면을 복기하며 천천히 마시면 좋을 것이다. 어떤 맥주가 어울릴까. 처음에는 러시안 임페리얼 스타우트를 생각했다. 검은색에 알코올 도수까지 엄청나게 높아서 독하고 찐득한 맥주. 영화 속 검은 피가 연상되기도 하니 딱 알맞은 것 같지만, 스타우트에서 나는 커피 혹은 초콜릿 향이 방해된다. 흠, 그렇다면? 역시 더블 IPA가 어울릴까. 홉 향이 중첩되어 진득해지고 레이어와 레이어가 겹쳐져 모든 것이 수상해진 것 같은 어마어마하게 독한 맥주. 괜찮은 더블 IPA를 하나 찾아볼까? 그러다 우연히 맥주 판매대에서 브뤼스키 브루어리의 테이크 미 투 더 라이트하우스라는 맥주를 발견했다. 이름처럼 캔에는 등대 그림이 대문짝만하게 박혀있었다. 정말로 등대 맥주잖아?

테이크 미 투 더 라이트하우스는 향이 추가된 베를리너 바이세이다. 베를리너 바이세는 바이스비어이긴 하나 우리가 흔히 알고 있는 바이스비어와는 조금 다르다. 바이스비어의 대표적인 느낌은 조금 탁함, 그리고 바나나 향, 약간의 배부름, 이런 것인데 베를리너 바이세는 똑같이 밀맥아를 사용하긴 하지만 일반적인 바이스비어보다 신맛이 강한데 거기에 과일 시럽 등의 향을 더해서 마신다. 테이크 미 투 더 라이트하우스에는 라즈베리와 망고가 가미되어 약간의 산미와 함께 상큼한 과일 향을 느낄 수 있다. 아니 그럼 이토록 과일 향이 나면서 독하지도 않은(4.2도) 맥주가 등대 그림이 있다는 이유만으로 로버트 에거스의 〈라이트하우스〉와 매칭되는 게 맞는 것이냐고 묻는다면, 어쩔 수 없다. 등대 그림이 가득한 캔에서 따른 맥주가 핏빛처럼 붉으니 이만하면 대강 말이 되지 않느냐는 변명을 하는 수밖에.

하찮은 초능력

자기 자신을 소개할 때, 취미와 특기를 답해야 하던 때가 있었다. 좋아하는 것과 잘하는 것을 그 사람에 대한 공식 데이터로 인정하던 시절, 난 취미는 대강 쓸 게 있었지만, 늘 특기에는 점을 찍었다.

잘할 줄 아는 것이 있다는 것은 무척 근사하고 멋지며 존경할 만한 일이다. 그런 만큼 쉽게 허락되지 않는다. 무엇이 필요할까. 우선 기질이 중요할 것이다. 호기심이 많고, 그걸 배우기 위해 진입하는 추진력이 있어야 한다. 처음부터 자신이 못 하는 것을 있는 그대로 받아들일 줄 알아야 하고, 그럼에도 반복해서 성취해 갈 줄 알아야 한다. 만만한 일이 아니다. 그럼에도 해내는 사람들은 이런 과정 전체를 재미로 느끼는 사람일 것이다. 아니라면 반드시 해내고야 만다는 투지 같은 것이 있다면 또 가능하겠다. 어느 쪽이든 그 사람의 기질과 관련이 있다.

부지런해야 한다. 반드시 해야 할 일, 학생이라면 공부가 되겠고 직장인이라면 생업을 위한 일이겠는데, 이를 모두 마친 다음, 그리고도 생활을 위해 필수적으로 해야 할 일이 없을 리 없다. 거기까지 모두 완료하고 나서도 남는 시간, 피곤이 몰려오는 바로 그 순간에도 못하는 과정을 반복할 수 있는 시간을 버티는 인내심과 체력이 필요하다. 정말로 어려운 일이 아닐 수 없다.

재능이라는 치트키도 있다. 한 분야에 특별한 재능을 가지고 있는 사람이 있고, 대체로 뭐든 시작하면 남들보다 쉽게 잘 해내는 사람이 있다. 둘 다 재능이라고 부른다. 재능이 있는 이들에겐 뭔가를 잘하는 일이 비교적 쉽다. 부러운 사람들이다. 그러니까 기질과 부지런함, 재능 같은 것들이 적당하게 구성되어 있으면 그 사람은 뭐라도 잘하는 사람이 되게 되어있다. 그렇다면 나는 뭐가 문제인가. 분석의 시간이 왔다.

호기심은 많다. 그러나 진입은 잘 하지 않는다. 새로움에 대한 두려움은 없지만, 본격적으로 무언가를 시작하는 데에는 게으르고 귀찮아하는 편이다. 진입을 위해 조사해야 할 일이 얼마나 많은가. 뭐부터 시작해야 하지 고민하다 '아, 몰라' 침대에 널브러진다.

누군가 혹은 상황에 의해 떠밀려 진입을 하게 된 경우에도 그다음 단계가 취약한데, 내게는 자신이 못하는 것을 잘 받아들이지 못하는 미성숙한 구석이 있다. 처음부터 잘할 줄 알아야 재미를 붙인다는 건데 그건 마치 책의 앞 장과 마지막 장만 읽고 책을 다 읽은 걸로 인정해 달라는 것과 크게 다르지 않다. 천재일 수 없는 사람이 스스로 천재여야 가능한 조건을 주장하는 것이다.

언젠가 크리스마스 케이크를 만드는 1일 클래스에 간 적이 있다. 전문가가 쉽게 하는 아이싱이 너무 되지 않아서 벌컥 짜증이 났다. 그 이후 스패츌러를 다시 잡아본 적이 없다. 학생 때 테니스를 잠시 배운 적이 있다. 늘 그렇듯 잘 안 되더라. 한 달간 아무런 진전이 없으니 재미를 느낄 수 없었고 그냥 그만뒀다. 그 순간 두 주먹을 불끈 쥐고 내일의 나는 더 잘할 수 있을 거라며, 스윙 연습을 하는 만화 속 주인공의 투지는 나와 거리가 멀다. 반면 포기는 매우 빠르다. 결국, 나는 뭔가 잘하는 것이 아무것도 없는 조건을 너무나도 충실하게 이행하는 셈이다.

게다가 별다른 재능도 없는 것 같다. 처음부터 잘 해내야 그다음 단계로 넘어가는 나에게는 저주와 같이 처음부터 잘 해내는 것이 거의 없다. 이케아 가구를 조립할 때도 '이건 안 되는 게 맞는 거야, 예외적으로 설명서가 잘못됐네, 이케아는 글로벌 기업이라면서 왜 이런 엉터리 설명서를 만들었을까?' 하는 난관이 꼭 찾아온다. 하지만 설명서는 틀린 것이 없었고 모든 것은 나의 탓이었다. 어찌어찌 하면 힘들지만 되기는 한다. 그럴 거 왜 매번 한 번에 되지 않는 걸까.

그러다 보니 그보다 높은 수준의 DIY는 제대로 해낸 적이 없다. 조명을 달 때도 이상하게 우리 집 환경은 설명서의 내용과 전혀 다른 것 같고, 그도 아니면 내가 감전된다. 결국 뭐라도 배우기 위해서는 독사 같은 코치가 내 상태가 어떻든 나를 계속 압박하며 수년간 같은 훈련을 시키는 것이 유일한 방법이다. 그나마 어린 시절 뭣도 모르고 배웠던 수영과 피아노가 그냥 할 줄 아는 것의 유일한 리스트로 남아있다. 이런 나에게 처음부터 훈련 없이 잘할 수 있는 재능 같은 게 정말 전혀 없을까? 수십 년간 살며 발견한 것들이 정말 전혀 없는가 하면 꼭 그렇지는 않더라. 나에게도 소박하기 짝이 없는 재능 몇 숟가락 같은 것이 들어와 있기는 한 모양이다.

오래전 태백 여행을 간 적이 있다. 상가 건물에 들어와 있는 분식집에서 이것저것 시켰는데 그중 떡볶이를 입에 넣는 순간 카레 향이 훅 들어왔다. 이 집은 떡볶이에 카레 가루를 뿌리는 모양이구나. 그러면서 계산할 때, 무심코 "아주머니 여기는 떡볶이에 카레를 넣으시나 봐요?" 했더니 아주머니가 너무 놀라며 자기가 지금 여기서 장사를 십몇 년간 하고 있는데 그걸 알아차리고 말해준 사람이 내가 처음이라고 했다. 그 아주머니의 놀람은 지금까지도 생생하다. 카레 냄새가 특이하고 강하긴 하지만, 그러고 보니 그 외에도 남들은 맡지 못하는 카레 향을 맡아낸 적이 몇 번 더 있었던 거 같기도 하다. 카레 냄새 감별 능력. 정말 나에게 있는 하찮은 초능력인 건가. 나중에 이 말을 들은 W는 다 쓸데없고, 카레 전문점에서 설거지가 제대로 됐는지 검수하는 사람에게나 필요한 능력이라고 나의 초능력을 준엄하게 평가해 주었다. 듣고 보니 맞는 말이다. 쓸 곳은 없다.

비슷하게 계란 비린내도 잘 맡는다. 계란찜, 계란말이, 그리고 계란이 많이 들어간 디저트류에서도 셰프가 맡지 못하는 계란 비린내를 맡는 적이 종종 있다. 홍대에 제법 잘 나가던 디저트 가게에서도 계란 비린내가 심해서 나 혼자 깨작거렸던 적도 있었다. 여전히 별달리 쓸모없는 재능이긴 하나 모두 후각에 관련된 거니 그걸 개발하면 조향사까지는 아니겠지만, 내가 좋아하는 맥주의 아로마나 이취(술을 잘못 만들어서 이상한 맛이나 향이 나는 걸 off flavor라고 하는데 이를 보통 이취라고 번역한다)를 정교하게 감별한다든지 하는 쓸모 있는 능력으로 전향될 수도 있다는 생각을 하지만 그렇다고 나의 능력이 천재적인 것도 아닌지라 훈련을 해야 하는데, 위에서 이미 말했듯 게으르고 귀찮아하며 투지 같은 것도 없는 나는 더 나아가지 못하고 그냥 여기까지인 것이다.

최근 D가 인정한 나의 또 다른 능력에는 이메일 쓰기가 있다. 상대에게 뭔가를 얻어내야 할 때, 예의도 차리며, 요점을 말하는데 제법 거절하지 못하게 비즈니스 이메일을 잘 쓴다는 말이었다. 이건 매우 쓸모 있는 능력이라 기분이 좋았지만, 20년의 직장 생활을 하면 이건 저절로 얻어지는 기본 아이템 같은 게 아닌가 하는 생각이 들며 하찮은 초능력에서는 제외하기로 했다.

프레젠테이션을 할 때, 몇 분을 말하겠다 생각하면 프레젠테이션을 끝내고 시계를 봤을 때, 애초에 생각했던 시간에 근접하는 능력도 있다. 그러니까 시계를 보지 않고, 원하는 시간만큼 말하기라는 소소한 능력이라는 건데, 아직 검증된 능력이라고 말하기에는 데이터가 부족하다. 검증된다면 제법 쓸모 있을 또 하나의 하찮은 초능력이 될 수 있을 것이다. 마지막으로, 능력인지 뭔지 잘 모르겠지만 어떤 상황에서든 잘 자는 능력이 있다. 이건 행운이라 생각한다.

언젠가 R에게 이런 말을 한 적이 있다. 회사를 그렇게 오래 다녔는데, 퇴사하게 된다면 내가 뭘 잘할 수 있는 사람인지 말할 게 아무것도 없다. 그냥 이 일을 계속할 수밖에 없나 보다, 내가 할 수 있는 건 보고서 만들고 사업이 되도록 행정 처리를 하는 건데 그게 밖에서 무슨 소용이냐, 결국 할 줄 아는 게 아무것도 없는 사람이 되었다. 그 말을 들은 R은 이 직장에 다니면서 그거라도 할 수 있으면 그게 할 줄 아는 거지 뭘 더 바라느냐고 했다. 딱히 그런 답변을 원한 건 아니었는데 의외의 말에 살짝 위로가 되면서 또 맞는 말로 들렸다. 내가 얼마나 특별한 사람이라고, 온종일 회사에 묶여있는데 그 회사에서 해야 하는 것만이라도 잘 해내면 기본은 아닌가. 아무것도 못 하는 사람이라는 말을 들을 필요는 없지 않은가.

잘하는 게 많은 삶은 풍요롭고, 일상에서 성취를 느낄 일도 많을 것이다. 하나하나가 레이어를 만들며 삶을 화려하게 만들어 줄 수 있을 것이다. 멋지고 부러운 사람들이다. 그렇다면 할 줄 아는 게 별로 없는, 특기에 점을 찍는 삶은 어떨까. 해야만 하는 일이 많고 바쁘며, 누구나 그렇듯 멍때리기 좋아하는 만큼만 게으르고, 매일의 결심 같은 것들은 잘하지 못하는, 그냥 내가 좋아하는 것만 들여다보고 있는 것만으로도 온 에너지를 쓰게 되는 삶은 어떨까. 화려하지 않을지는 몰라도, 좋아하는 것들과 수십 년간 쌓인 심심한 경험으로 뭐라도, 그저 나를 닮은 레이어를 몇 겹은 만들어냈을 것이다. 누구든 시간과 함께 좋아하는 것이 생기다 사라진다. 그러면서 뭐라도 경험을 하게 마련이다. 다만 작고 평범해서 자랑할 거리가 없다는 게 문제인데, 요즘은 거기까지여도 충분한 것이 아닐까, 그렇게 생각한다.

게다가 우리 대부분은 지금 그 자리에 있기 위한 무언가를 이미 잘하고 있지 않은가. 내가 이메일을 제법 쓴다는 평을 듣는 것처럼, 그게 무엇이든 말이다.

마지막으로 우리에겐 하찮은 초능력이 있다. 카레와 계란 비린내 감별 능력보다 쓸모 있거나 아니면 그보다도 소박한 초능력일 수 있겠지만, 그건 분명 당신이 가지고 있는 비슷비슷한 레이어들 중 한 장에 재미있고 말도 안 되는 패턴을 그려주는 역할을 할 것이다. 나만 해도 오래된 태백 여행에서 아직도 즐거운 기억으로 남아있는, 추억을 만들어 준 하찮은 초능력을 가지고 있지 않은가.

사랑은 가도 친절은 남는다

"사랑은 가도 친절은 남는다." 커트 보네거트의 말이다. 작가의 의도를 정확히는 모르지만 비단 사랑하는 사람의 관계만이 아닌 사람과 사람의 보편적인 관계에서도 친절의 힘이 얼마나 큰가를 보여주는 짧고 간단한 문장으로 읽힌다. "친절은 조용히 모든 것을 압도해. 어떤 것도 친절함을 이길 수 없거든." 이는 찰리 맥커시의 그림책 『소년과 두더지와 여우와 말』에 나오는 대사다. 두더지가 말했던가 말이 말했던가, 아무튼 친절의 힘을 명료하게 강조한다.

종종 인용한 말의 위대함을 의식적으로 떠올리며 나는 오늘도 직장 동료 여러분에게 친절하게 대해본다. 노력한다. 아니 사실 나는, 늘 친절한 편이라고 생각하고 있다. 그러나 나름의 갑 입장에서 하는 자각이 뭐가 중요한가. 후임, 후배, 부서원들의 생각이 중요하겠지. 그러므로 나는 내 친절에 대한 진실을 완전히 알지는 못한다.

서늘하고 까다롭기 그지없는 차가운 남자를 매력적으로 그린 픽션은 얼마든지 있다. 너무 오래된 사례이긴 하나 장윤현의 〈접속〉에 나오는 한석규 캐릭터를 보고 저렇게 불친절하고 냉소적인 사람이 멋진 거구나, 그렇게 생각한 적이 있다. 그리고 먼 훗날 저런 직장인이 되어봐야겠다, 쓸데없는 다짐을 한 적도 있었다. 최근 사례로는 〈나의 해방일지〉에 나오는 구 씨(손석구)가 있는데 세상에 그렇게 퉁명하고 불친절한 사람이 없다. 하지만 그가 멋져 보이는 건 또 사실이다. 내가 저런 남자라면 어떨까. 좋은 사람일까. 좋지는 않아도 매력 있는 사람일까. 그러나 안다. 현실에서는 그럴 수 없다는 것을. 또 안다. 그들은 배우의 피지컬을 가지고 있다는 것을.

멋지게 화를 낸다는 것이 과연 현실 직장에서 가능한 일일까. 자신의 할 말을 단 한 번도 웅얼거리거나 더듬지 않고 완벽하게 쏘아붙인 다음 휙 돌아 사라져버리는 순간. 그 이후 정말 아무렇지도 않은 건가. 노심초사하지 않나. 정말 자신이 100프로 정당하고 해야 할 말을 했다고 생각하는 건가. 자기 전 눈을 감고 실수했다는 생각을 전혀 하지 않을까. 화를 내는 장면을 기능적으로 사용하는 영화나 시리즈물에서는 그걸로 끝이다. 깔끔하다. 언제 그랬냐는 듯 쏘아붙인 자와 쏨을 당한 자는 그냥 예전처럼 잘 지낸다. 물론 그들에겐 작가가 쓰고 계산한 정당한 감정의 분출이 있고, 그를 받쳐주는 카메라 앵글과 편집, 음악이 있다. 하지만 현실이 어디 그런가.

20년 정도 직장생활을 한 나는 고만고만한 사람 중

에서 갑에 가깝다. 팀장이고 나이도 많고 경력도 많다. 그래서는 되고 안되고를 떠나 누군가에게 당하기보다는 누군가에게 해대는 것이 더 쉬운 처지다. 하지만 화를 내는 것은 늘 익숙하지 않다. 그렇다고 화를 내지 못하는 혹은 탁월한 감정 컨트롤을 하는 사람도 아니다. 회사에서 종종 피가 거꾸로 솟는 평범한 중년일 뿐이다. 그저 깨달은 것이 있다면, 되도록 화는 밖으로 내지 않는 것이 좋다. 화를 내봐야 쉽게 봉합되지 않고, 별로 안 친한 사람들과는 더 멀어지고 가까웠던 사람들과는 어색해진다. 그리고 잠들기 전, 또는 샤워 중 물줄기를 맞으며 그 순간을 떠올리게 된다. 기분이 좋지 않다.

남는 것은 친절뿐일까.

옆에 앉은 다른 부서 팀장인 M이 나에게 한 말이 있다. "생긴 게 중립적이다." 이 말을 들은 D는 배꼽을 잡았다. 선천적으로 따뜻함이 보일 리 없는 나는 친절함을 보여주기 위해 노력한다. 현실 속에서 사는, 배우의 피지컬과 외모가 없는 나는 화를 낼 수가 없다. 중립적으로 생긴 나는 친절을 만들어내야 한다. 뭐, 어려운 것처럼 말하고 있지만 실은 매우 당연한 것을 힘들다고 말하고 있는 것뿐이다. 회사에서 짜증 나는 상황이 공교롭게 겹

치던 중, 그 순간 핸드폰과 키폰이 동시에 울리더라도, 그 순간 독촉 메일 알림 메시지가 도착하더라도, 그 순간 부서원이 검토를 바란다며 보고서를 들고 내 옆에 섰을 때. 그 순간, 화와 짜증을 올려서는 안 되고 중립을 거쳐 당연히 친절에 도달해야 하니까.

그러던 어떤 하루. 회사 일은 죄다 결론이 나지 않고, 모든 것은 나의 판단을 기다리며, 그런데 나도 잘 모르겠는 것투성이고 알려면 한참을 들여다봐야 할 것 같은데, 모든 에러를 잡았다는 업체 메일을 본 직후 에러를 바로 발견했던 오늘 같은 날. 세상은 내 맘대로 되지 않으며 옆 부서 직원 O가 "벌써 세 시 반이야"를 외칠 때, 나는 "퇴근하고 싶다!"라고 외치고 싶었던 날. 내 친절함에 대한 진실이 위태로웠던 날. 나는 퇴근길 경의중앙선 전철 안에서 내내 자 버렸다.

퇴근 후, 집에서 이 글을 쓰며 냉장고에서 화수브루어리의 '경주'라는 맥주를 꺼냈다. 얼마 전 와인앤모어에서 별다른 정보 없이 고른 맥주다. 처음 마셔봤는데 바이젠 보크란다. 맛있다. 내가 원래 보크 맥주를 좋아하긴 하지. 또 그렇게 7.5도의 알코올이 퍼지는 걸 느끼는 순간, 스포티파이에서 랜덤하게 음악을 들려주는데 그레

고리 포터와 씨 로 그린, 니나 시몬으로 넘어가는 플레이리스트가 퍽 마음에 든다. 다행이다. 그렇게 랜덤 알고리즘은 내일도 친절하라고 이야기한다.

    사랑은 가도 친절은 남는 거니까.

바 안단테

모 커뮤니티의 주류 게시판에 올라온 '바 안단테' 오픈 소식을 알려준 것은 D였다. 예비 사장이 오픈을 준비하면서 커뮤니티에 글을 올린 건데 꽤 저렴한 가격으로 각종 위스키를 제공한다는 내용이었다. 과연 그랬다. 댓글에는 기대한다는 내용과 이 게시판에 올리면 온갖 악성 고객까지 몰려들 거라며 걱정해주는 내용까지 다양했는데, 주인장은 매우 유쾌하게도, 그래도 저렴한 가격에 좋은 술을 제공하고 싶은 마음뿐이라며 자신의 의지를 밝혔다. 마음이 동했다.

위스키 하면 발렌타인 몇 년산을 마셔봤다는 친구의 자랑 같은 거에서나 접했을, 그리 경험도 없고 관심도 없던 술이었다. 군대 있을 때 '택시'라는 이상한 이름의 싸구려 위스키를 마신 것이 그나마 강렬한 기억이다. 위스키는 일단 비싸다는 것이 첫인상이다. 그럴 때마다 D는 도수와 양을 계산하면 내가 지금 마셔대는 맥주들이 훨씬 비싼 거라는 논리를 댄다. 맞는 말이긴 하다.

실은 위스키에 대한 관심도 영화가 시작인데, 캔 로치의 〈엔젤스 셰어〉를 너무나 재미있게 보면서 영화 속에 나왔던 싱글몰트 위스키라는 것이 갑자기 매력적으로 다가왔다. 천사가 자신의 몫을 떼어 간다는 맛은 어떤 걸까. 나이가 들면서 여기저기서 위스키를 경험할 기회도 자연스럽게 생기게 됐다. 아드벡, 탈리스커, 글렌피딕, 발베니, 글렌리벳, 라가불린과 같은 스피릿들이 익숙해진다. 그러고 보니 어렸을 때부터 즐겨 읽었던 하루키의 온갖 소설에서도 위스키는 재즈만큼이나 매력적으로 나오지만, 그다지 관심을 가지지 않은 걸로 보아 난 역시 문학 소년보다는 시네키드였던 모양이다.

저렴한 가격에 위스키를 마실 수 있다니, D와 나는 '바 안단테'가 오픈한 지 얼마 되지 않아 방문했다. 그러고 보니 나는 그날 하루키 티셔츠를 입고 있었다. 7월 여름의 어느 날. 합정동에서 망리단길을 조금 걸어가니 눈에 잘 띄지 않는 작은 바가 보였다. 지나칠 뻔했다. 이미 많은 손님이 있었지만, 다행히 벽 쪽 사이드에 자리가 있었다. 많은 주객 속에서 '바 안단테' 호스트는 혼자서 손님을 응대하며 각종 위스키를 내느라 분주했다.

몇몇 마셔본 위스키들이 있긴 하지만, 무엇이 정확히 내 취향인지는 아직 모른다. 그럴 만큼 데이터가 쌓이지 않았고, 그래서 바 호스트에게 추천을 일임하기도 하고 리스트에서 칼춤 추듯 찍어내기도 했다. 힌트를 좀 달라는 표정의 호스트에게 싱글몰트 위스키와 피트향에 대해 이야기했다. 그래서 마시게 된 위스키는 모두 4잔, 라프로익 쿼터 캐스크, 발베니 12년산, 아벨라워 12년산, 아드벡 우가달이었다. 반년 정도 시간이 지난 지금, 그 향과 맛을 모두 기억하진 못한다. 그래도 그 자리에서 즐겁게 마셨던 것 같다. D는 마셨던 것 중 아벨라워가 가장 마음에 든다고 했다.

바 분위기는 매우 좋아서, 호스트와 친분이 있는 손님들도 있었고, 어떤 손님은 직접 위스키를 사 와서 그걸 다른 손님들에게 나눠주기도 했다. 한 잔으로 그치지 않는 손님들은 이미 얼큰하게 취해 있었다. 느긋하게 풀어진 손님들 사이를 분주하게 오가는 호스트는, 커뮤니티 게시판에서 봤던 것만큼 유쾌했다. 목소리는 한 톤이 높고, 지치지 않으며 끊임없이 손님들 사이에 활기를 불어넣어 주고 있었다. 젊고 건강해 보였다. 호스트의 그런 모습과 '안단테'라는 이름이 다소 어울리지 않았다.

호스트는 자리를 뜨려는 손님들에게 가지 말라며, 피자를 시킨 게 있으니 다 같이 나눠 먹자고 했다. 정말? 한참을 기다리니 정말 피자 두 판이 왔고, 그건 호스트가 손님들을 위해 자비로 산 거였다. 변변한 안주가 있을 리 없는 그곳에서 다들 피자를 우적거리며 낄낄거렸다. 나와 D도 그렇게 즐겁게, 좋은 기운을 받고, 젊고 건강해 보이는 호스트를 뒤로하고 '바 안단테'를 나왔다. 조만간 다시 가보자는 생각과 함께. 그러나 늘 그렇지 않은가. 우리는 '바 안단테'에 다시 가지 못했다.

수개월 후 '바 안단테'의 소식을 문득 듣게 되었다. 몰랐는데 '바 안단테'는 긴 시간 휴업을 하고 있었다. 처음에는 휴업 기간이 정해져 있었지만, 무기한으로 바뀌었다. 그렇게 따라가던 중, 호스트의 죽음이라는 소식이 갑자기 튀어나왔다. 이 모든 것을 한꺼번에 알게 되었다. 휴업인 줄도 몰랐으니까. 얼마 전 D와 나는 추운 겨울날, 망원동에 갈 일이 있어서 걷다가, 조금만 더 가면 '바 안단테'가 나오겠네, 하지만 지금은 너무 일러 문을 안 열었겠지, 언제 다시 가보나, 라며 발길을 돌린 적이 있다. 그때도 이미 '바 안단테'는 휴업 상태였을 것이다.

호스트는 암이었다고 한다. 발병된 지 꽤 오래되었다고 하니, 6개월간 운영했던 '바 안단테'는 그 시작부터 암과 함께했던 셈이다. 사실 그와 나는 아는 사이가 아니다. 단골이라 말하기도 민망한 단 한 번의 방문이 있었을 뿐이다. 호스트는 나를 모른다. 나도 그를 한 번 봤다. 그럼에도 그 에너지를 기억하고 있던 나에게 그가 암과 함께 이미 이 세상에서 사라진 상태라는 것이 특별하게 다가왔던 것 같다. 젊고 건강하다고 생각했는데. 이미 그때도 암을 품고, 그렇게 수다스럽게 온종일 일하며 손님들과 술을 마셨을 것이고, 어울리지 않는다 생각한 '안단테'를 이름으로 걸었다. 느리게, 걷는 정도의 속도로. 그는 그렇게 천천히 주객들과 이별하고 싶었던 것 같다. 빠르지 않게 천천히.

그의 명복을 빈다.

모두 거짓말을 한다

휴 로리 주연의 〈닥터 하우스 House M.D.〉라는 TV 시리즈가 있다. 그는 진단학 전공의로 탐정처럼 환자의 질환이 무엇인지 에피소드 내내 추리하고 간파한다. 그에게 명언이 하나 있으니, "Everybody Lies" 모두 거짓말을 한다는 것. 그는 환자의 말을 믿지 않았다. 모든 환자는 의사에게 조금이라도 거짓말을 한다고 생각했다. 환자들은 왜 거짓말을 할까. 의사에게 혼나는 것이 무서워서? 하긴 돈 내고 혼나는 환자들이 이 세상에는 얼마나 많은가. 자신의 병에 대한 책임을 지기 싫어서? 인정하면 자신의 잘못이 될 것 같으니까? 그래도 의사 앞에서 거짓말을 하면 자신에게만 불리한데 왜 그럴까.

미국 경제학자가 구글 트렌드로 인간의 욕망을 분석하며, 빅데이터의 유용함에 대해 재치있는 필력으로 쓴 책이 있다. 고만고만한 빅데이터 관련 책 중 단연 쉽고 유용하며 추천할만하다. 저자는 책을 통해 사람들은 각자의 이유로 모두 거짓말을 한다고 말한다. 그 욕망이 솔직해지는 순간은 누구의 눈치도 보지 않고 구글에 검색어를 넣는 순간. 그래서 우리가 직관적으로 진실이라 생각하는 것, 보편적이라 생각하는 것들이 구글 트렌드 검색을 통해 얼마나 허상인지를 알 수 있다고 한다.

'구글 트렌드는 도널드 트럼프의 당선을 이미 알고 있었다'라고 홍보하는 이 책의 제목은 『모두 거짓말을 한다 Everybody Lies』이다.

두 사람이 있다. 그 둘에게 같은 상황이 주어졌다고 가정해보자. 그들은 상황을 자신의 입장에서 경험한다. 같은 경험을 각자의 입장, 서 있는 위치에 맞게 취사선택해 받아들인다는 말이다. 그리고 그 둘은 각자 상황을 너무나 객관적으로 인지했다고 믿는다.

그다음 단계에서 그들은 추호의 의심도 없이 객관적으로 받아들였다고 믿는 그 상황을 자신의 경험과 관심사, 정치적 성향과 직업, 주변의 사람들과 가족 관계, 살아온 햇수와 성별, 공감능력과 지능 등 헤아릴 수 없는 조건의 조합으로 구성된 개인적 통찰로 해석한다. 그렇게 이해한 것을 개인 저장소(두뇌)에 저장하고 '정답'이라는 라벨을 붙인다.

마지막 세 번째 단계, 시간이 지나 그 상황을 누군가에게 말할 수도 있을 것이다. 그들은 각자의 개인 저장소에서 꺼낸 상황을 자신에게 유리하게 표현한다. 여기서 유리하게 표현한다는 것은 의도적으로 왜곡한다는 의미가 아니라, 상황에 포함된 자신을 본능적으로 방어하게 된다는 뜻이다. 말하면서 마음속으로는 약간 내 입장에서 말하는 거 같은데, 그래도 난 최대한 객관적으로 말하려고 노력하는 중이야, 이 정도면 됐지, 이런 정도. 움찔할 필요는 없다. 누구나 그런다. 여기까지가 인식의 갈림길 3단계다.

만약 세 번째 단계에서 두 사람으로부터 이야기를 듣는 사람이 같은 한 사람이라면 어떻게 될까. 오호통재라. 그 사람은 같은 상황에 대해 완전히 다른 말을 양쪽에서 듣게 될 가능성이 매우 높다. 모두 거짓말을 한다. 혹은 모두 진실을 말한다. 경험과 인식, 그에 대한 생각과 결론, 그리고 자신의 입장에서 한 이야기. 하나의 이야기가 사람을 타고 넘어갈수록 다른 이야기가 되듯, 나의 기억이 시간이 지날수록 다른 경험으로 남듯, 같은 경험이 각자에 의해 두 갈래로 갈라지는 길의 각도는 생각보다 크다. 하지만 현실에서는 이조차도 매우 단순화된 버전이다.

얼마 전 회사에 어떤 상황이 있었다. 그 일에 관련된 4명에게 따로 이야기를 들었다. 인식의 갈림길 3단계에 등장하는 인물이 배로 늘었고, 듣는 사람은 나 혼자가 된 것이다. 서로의 이야기는 빈틈을 메꾸기도 하고 서로 다르면서 같기도 하고, 묘하게 뉘앙스의 차이가 나면서 다채롭기 짝이 없었다. A가 그렇게 받아들이고 말하는 이유는 그간 B와의 관계에 의한 것도 있고, B 역시 자신이 생각하는 A와의 관계가 있으며, C와 D도 관계의 특수성으로 인해 말하는 시점에 따라 서로 다른 말을 하기도 한다. 내가 아는 A의 이야기를 B에게 하자 B는 화를 내고, 내가 알고 있는 C의 이야기를 D에게 하자 D는 당황한다.

온갖 버전을 모두 들은 나는 과연 그 일의 진상을 모두 아는 걸까. 저마다 이야기한 조각들이 맞춰지긴 하지만, 여전히 뻥 뚫린 구역이 있고, 없어야 할 조각도 보이고, 틀린 곳에 억지로 들어간 조각도 있는 것 같다. 왜 C는 나에게 그렇게 말했을까. 나에게 말하고 있는 D가 거짓말을 한 걸까. 이 역시 서로 입장이 다른 두 사람이 각자의 상황에서 경험하고 인식하고 결론을 낸 다음 자신을 방어하며 말하기 때문에 어쩔 수 없이 일어나는, 엄연히 다르지만 결국 모두 진실이라는 걸까. 내가 사내 탐정도 아니고 이에 대한 보고서를 써야 할 일도 없으므로 여기까지만 하기로 했다.

결국, 진실은 없고, 모두 거짓말을 한다. 그러나 동

시에 그것은 각자에게는 절박한 진실일 수도 있다. 20년 직장 생활을 하며 소소하게 깨달은 것들이 몇 개 있는데 그중 하나는 '이해되지 않는 상황이란 거의 없다'는 것이다. 굳이 모든 사람의 이야기를 듣지 않더라도 저쪽에는 저쪽의 상황이 있었을 것으로 생각하는 것. 환자는 저만의 이유로 의사에게 거짓말을 했을 것이고, 도널드 트럼프 지지자는 어떤 이유로 자신이 지지한다는 소신을 밝히지 않았을 것이다. 거짓말이지만 각자의 입장에서는 진실일 수도 있겠다는 것. 정말 일부러 거짓말을 한다는 의식은 없지 않았을까. 적어도 합리적 이유는 있지 않았을까.

요즘 그런 생각을 한다. 어차피 우리는 모두 거짓말을 하고, 절대 진실은 존재하지 않으며, 그걸 알 방도는 없다. 그저 '이해되지 않는 상황은 없다'고 대부분의 상황을 넘기면 그게 정답일 것이다. 〈엑스 파일 The X Files〉이라는 TV 시리즈가 있다. 여기에도 명언이 하나 있으니 "The Truth is Out There" 진실은 저 너머에 있다는 소리다.

평범한 맥주가 할 수 있는 일

퇴근이 얼마 남지 않은 시간, M이 의자를 끌고 슬쩍 옆으로 와서 저녁에 약속이 있느냐 물었다. 없다고 했다. 술 한잔? 좋다고 했다. M은 주먹을 불끈 쥐었다. 오랜만에 K도 합류해 모두 세 명이 생선회와 소주로 1차를 하고 2차를 어디 갈까 하길래, 내가 바로 옆에 맥줏집이 있으니 거기 가자고 했다. M이 갑자기 질색했다. 무슨 의미인지 알 것 같아서 그런 맥주가 아니라고 했다. 그리고 바로 옆집이라고 안심시켰다. M은 에일을 싫어한다. 그리고 1차와 2차의 거리가 먼 것을 더 싫어한다. 오랜 술친구라 그 취향을 알기 때문에 술은 취했지만 나름 코디를 한 셈이다. 거기서 반건조 오징어와 그냥 평범한 맥주를 마셨다.

주위의 많은 사람이 내가 맥주를 마시러 가자고 하면, "아, 그 에일? 향기 나는 비싼 맥주 그런 거만 드시죠?"라며 조심스럽게 묻거나 그런 질문을 이미 가득 담고 있는 표정으로 나를 바라본다. 술을 자주 먹는 편은 아니라서 한번 마실 때 내가 좋아하는 걸 마시고 싶기도 하고, 다른 사람에게 소개하고 싶은 마음도 있다. 그래서 사람들을 끌고, 데리고 크래프트 펍을 가기도 했지만, 이제 몇 년이 흘러 크래프트 맥주를 좋아하는 사람들이 어느 정도 추려진 상태다. 물론 여기서 남은 '그들'은 매우 소수다.

 그들의 질문처럼 정말 나는 평범한 맥주를 안 마시는가 하면 그건 아니다. 카스와 테라, 클라우드를 좋아하며, 하이트와 맥스도 좋아했다. 다만 그 모두를 하나의 맥주로 간주했다. 고깃집에서 "맥주 주세요." 했는데 "뭐 드릴까요?" 하면 잠시 멈춤이 되었다가 그냥 아무거나 주세요, 하는 편이라는 말이다. 사실 지금도 그들의 맛과 향의 차이를 잘 모른다. 진지하게 그 맥주들을 다 따라 놓고 시음한 적도 없거니와 어느 날 카스를 먹고 며칠 후에 테라를 마셨는데 그 맛의 차이가 이러이러하다고 말하지 못한다. 그럴 수 있는 사람이 과연 얼마나 있을까. 가끔 테라는 어떻고 클라우드는 어떻다는 사람을 보긴 하는데, 진심인지 그의 기분 탓인지 알 수 없다. 진심이라면 그는 유능한 아로마 감별사가 될 소질을 타고났는지도 모른다. 몇 년 전에 아는 에디터로부터 새로 나온 페일 라거 계열 국내외 맥주들을 시음하고 그에 대한 짤막한 리뷰를 해달라는 요청을 받은 적이 있는데, 노력은 했지만, 그 차이를 찾기는 어려웠다.

 그럼 평범한 맥주란 과연 뭘까. 맥주를 크게 라거와

에일로 나눈다면, 이들은 라거에 속한다. 그중에서도 인터내셔널 페일 라거 또는 아메리칸 어드정트 라거 계통이다. 미국의 버드와이저나 밀러 같은 맥주들. 한국은 카스와 테라. 사실 현재도 이 스타일의 맥주가 한국뿐 아니라 전 세계에서도 대부분의 유통량을 자랑한다. 스타우트가 어떻고, 아메리칸 페일 에일이 어떻고, 웨스트코스트 IPA와 뉴잉은 어떤 차이가 있고, 이렇게 다양한 맥주가 있는 척 말을 하지만 실제로 많은 사람이 이런 평범한 맥주를 마신다. 그렇다는 것은 그런 만큼의 장점이 있다는 뜻인데 가격이 저렴해서? 과연 그뿐일까.

맥주에는 일반적으로 4가지 재료가 들어간다. 물, 홉, 맥아, 효모. 여기서 물이 안 들어가는 맥주는 없을 테고 나머지 세 개 재료가 맥주의 맛과 풍미를 좌우하게 되는데, 한마디로 인터내셔널 페일 라거는 그 캐릭터들이 거의 느껴지지 않는다는 특징 아닌 특징이 있다. 사촌 격이라 할 수 있는 체코의 필스너만 해도 같은 라거 계열이지만 어느 정도 홉과 맥아가 느껴진다. 하지만 우리가 편의점 냉장고를 열어 꺼내는 평범한 맥주에는 그 향이 거의 없다고 봐도 좋다. 우선, 흔히 알고 있는 것처럼 보리 맥아만 들어있는 것은 아니다. 옥수수와 쌀이

혼합되어있어 보리의 향을 거의 죽이고 그저 깔끔한 맛이 나게 한다. 테라는 100퍼센트 보리 맥아를 사용한다고 광고를 하니 그러겠구나 싶기도 한데, 뭐 굳이 그럴 필요가 있나, 그래 봐야 마케팅용이 아니겠나 생각한다. 에일에서 다양한 향을 설계해주는 홉도 라거에서는 그 성질이 많이 죽는다. 그중 아메리칸 페일 라거에서는 거의 존재하지 않는 성질이라고 봐도 좋다. 결국 남는 것은 매우 차갑게 냉장한 온도와 그로 인해 날카롭게 터지는 탄산, 그리고 약한 알코올 향과 함께 슬쩍 지나가며 사라지는 맥아 향이 전부다. 물론 더 구체적인 캐릭터가 있겠지만, 여기까지가 나의 한계다.

이렇게 시원한 온도와 탄산만 남은 맥주에도 분명한 장점이 있는데, 어지간한 페어링이 모두 가능하다는 것이다. 모든 안주와 어울린다는 뜻이다. IPA와 치킨을 함께 먹을 수 있는가. 먹을 수야 있지만 굳이 그게 어울릴까. 먹태와 스타우트가 어울릴까. 그렇게 먹을 이유가 과연 뭘까. 하지만 우리의 그냥 평범한 맥주들은 이 모든 것들을 포용한다. 염지된 닭고기를 튀겨낸 자극적인 치킨에는, 불판 위에서 구워지다 탁 튀어 오르는 돼지 껍데기에는, 구워졌지만 여전히 비릿한 쥐포에는 그저 시원함을 담당하는 알코올이 함유된 들이킬 것이 가장 어울린다. 그게 바로 평범한 맥주만이 할 수 있는 일이다. 차고 톡 쏘는데 스멀스멀 알코올을 흡수시키는 것. 그런 존재가 또 있기나 한가?

이 페어링은 음식이 아닌 물리적인 공간과도 가능하다. 열대야가 물러가기 시작한 늦여름밤, 술을 한잔 하고 와 이미 어둠은 내려앉았고, 2차로 찾은 도심 루프탑에 친구들과 자리한다. 배부르니 적당히 간단한 안주를 고르고 맥주는 "그냥 오백 주세요" 하고, 아까 다 못한 이야기를 하며 웃기도 하고 잠시 할 말들이 없어 멍하니 밤 풍경을 바라보기도 한다. 밤하늘에 별은 없고, 운이 좋으면 달이 떠 있을 것이고, 어딘가로 배달 가는 오토바이의 소음이, 2차를 끝낸 것 같은 무리의 시끄러운 잡담이 멀리서 들릴 것이다. 주변의 식당과 술집은 불야성이고 다음에 가봐야지 싶은 새로운 술집이 눈에 보인다. 저 멀리 빌딩에도 늦게까지 불이 많이 켜져 있다. 그때 맥주가 나오고, 우리는 각자 잔을 집어 들어 대충 짠 하고 건배를 한다. 날카로운 탄산이 차가운 맥주와 함께 입안을 쏘고 그래서 조금 얼굴을 찡그리며 잔을 내려놓는다. 각자 마신 양은 다르고 다시 수다는 시작된다. 바람이 슬쩍 불어온다. 차지도 덥지도 않은 기분 좋은 바람의 한 조각. 누군가는 안주를 베어 물고, 누군가는 내일이면 기억나지 않을 이야기를 하며 배를 잡고 웃는다. 다시 바람이 지나간다.

평범한 맥주가 만드는 밤이다.

없는 글

삶이 그렇다. 형태가 뭐가 되었든 내가 무엇을 내놓기 위해서는 인풋이 필요하다. 새로운 사건, 인상적인 영화, 맛있는 맥주, 재미있는 생각, 새벽까지 읽은 책, 유머러스한 통찰, 사람과 보낸 시간 등등 한마디로 재료가 필요하다. 그러나 평범해 보이는 이런 것들은 생각만큼 쉽게 찾아오지 않는다.

재료가 적어졌다. 아침에 일어나 후다닥 출근 준비를 하고 전철이 오면 계단을 뛰어 내려가 가까스로 탑승한다. 전철에 앉아 출근하는 길, 생산적인 것을 하리라는 기대와 달리 핸드폰을 꺼내 이러저러한 것들을 보다가 피곤해지기 시작하면 그냥 눈을 감는다. 요즘과 같은 여름, 몸이 더워지는 것을 느끼며 상봉과 옥수 사이의 어느 지점을 달리나 보다 생각하게 된다. 전철은 같은 온도의 에어컨 시스템을 운영하지만, 확실히 사람이 많아지면 그 후끈함은 확연하게 달라진다. 살짝 눈을 떴을 때 다시 전철이 쾌적해졌다면 용산쯤이라 생각하면 된다. 다시 핸드폰을 꺼내서 이것저것 만지작거리다 보면 수색역이다. 내릴 역이다.

가방 안에 들어있는 책은 며칠째, 혹은 몇 주째 꺼내질 않고 있다. 역에 내려 회사까지 걸어가는 길은 15

분 정도. 계절이 바뀌며 같이 걷는 사람들의 옷이 바뀌고, 하늘이 변하고, 내 주위의 온도가 달라지지만 그 길은 언제나 같다. 조금 지겨워서 살짝 다른 길을 찾는다 해도 그리 달라질 것은 없다. 그렇게 회사에 도착하고 "안녕하세요." 하면, 인사를 받는 사람과 그렇지 않은 사람들 사이를 걸어 자리에 앉는다. 책상이 더럽다. 바쁜 일만 마치면 책상 정리 좀 해야지, 한 게 몇 달 되었다. 할 일도 있고 회의도 있고 메일을 확인해야 하고, 이런 일이 있다는 소문도 듣고 상사가 부르고 부서원의 보고를 듣고, 점심시간이 된다.

무엇을 먹을까, 엘리베이터 안에서 생각하지만 아무것도 떠오르지 않는다. 동료들의 얼굴을 보면 모두 두뇌 풀가동 중이다. 다행히 일행 중 누군가 뭐라도 제안하면 고민할 것도 없이 그리로 향한다. 커피를 마시고 잠시 쉬다 다시 오후 시작. 할 일도 있고, 회의도 있고, 메일을 확인해야 하고, 이런 일도 있다는 소문도 듣고…. 퇴근 시간이 된다.

출근의 역순으로 똑같은 길을 걷고 전철을 타고 다시 두어 시간. 눈을 감는다. 가방에서 책을 꺼내지 않는다. 도대체『수학의 즐거움』이라는 얇디얇은 책은 언제다 읽으려고 가방에 들어있기만 한 건가. 집에 오면 멍하니 TV를 보던가 침대에 누워 쇼츠를 보며 뇌를 녹인다. 그렇게 잠들면 다음 날이다. 나이가 들어 피곤하다. 사람들은 그렇게 먼 거리를 출퇴근하며 이제야 피곤을 느끼는 것도 신기한 거라 말한다. 머리를 쓸 무언가를 보거나 읽지 않는다. 운동도 하지 않는다. 글을 쓴다거나 그 밖의 어떤 생산적인 활동도 하지 않는다. 그저 침대에 최대한 내 몸의 많은 부분을 닿게 한 다음 그 무게를 분산시켜 어느 한 곳도 불편한 느낌이 들지 않도록, 그렇게 이완시키는 것이 가장 급해졌다. 그러니 재료라는 것이 들어오지 않는다.

핑계다. 기발한 레시피만 있다면야 주위의 모든 것은 재료가 될 수도 있다. 누군가는 출근길 수색역에서 회사까지 걷는 늘 같은 길에 대한 서정적인, 점심 메뉴를 고민하는 엘리베이터 속의 짧은 순간에 대해서도 스릴러와 같은 레시피를 개발해 괜찮은 결과물을 만들어낼 수 있을 것이다. 그럴 때가 있었다. 블로그를 한창 할 때, 글을 쓰면 블로그 옆의 달력에 글 쓴 날짜가 굵은 숫자로 바뀌는데, 거의 모든 날짜가 굵게 된 것을 보고 이거 조금 창피하다, 글 쓰지 않는 날을 좀 더 많이 만들어야겠다고 인내심을 발휘하던 시절이 있었다. 그때는 뭐라도 쏟아내고 싶었던, 그럴 것이 있었던, 오히려 그걸 하지 않는 것이 참는 것이었던 그럴 때였다.

무엇인가 달라진 것이다. 무엇일까. 나를 자극하는 것들에 대한 내성이 생겼을 수도 있다. 예전에는 죄다 자극이었지만 이제 어지간한 것은 아무런 감흥이 없게 되었다는 것. 피로도 이유가 될 수 있다. 출퇴근 전철에서 내내 자 버리는 것은 최근 1~2년 안에 생긴 습관이다. 『모모』에 나오는 회색의 시간 도둑과도 같은 글로벌 플랫폼이 만들어낸 짧은 콘텐츠가 원인일 수도 있다. 어쩌면 편리함에 온몸을 내맡기게 되면서부터 일수도 있다. D는 편리함이 언젠간 사람들을 망칠 것이라고 말한 바 있다. 짧지만 통찰력 있는 말이다. 누군가 돈을 벌기 위해서는 사람들에게 편리함을 제공해야 하고 그로 인해 점점 머리를 쓰지 않게 만들어야 한다. 그러면서도 난 여전히 똑똑하다는 착각을 할 수 있게 한다면 더할 나위가 없다.

몇 년 전, 차를 타고 가다 라디오에서 정재일이 작곡하고 한승석이 부른 '없는 노래'를 들었다. 지금까지도 가장 좋아하는 정재일의 곡인데, 어딘가 떠나가는 사람에 대한 노래이고, 그래서 만약 내가 노래를 무척 잘하는 사람이라면 사람들과 이별할 일이 있을 때 이 노래를 부르고 싶기도 했다. 슬픔도, 아픔도, 미움도, 원망도, 그리움도 없는 노래. 그래서 이 세상 어디에도 없는 노래라는데 이렇게까지 근사한 수식이 달리는 건 아니지만, 글이 나올 수 없는 핑계를 늘어놓으며 그것을 글로 만들었으니, 이 글은 '없는 글'이라고 제목을 달아도 무방하지 않을까. 그래도 될 것 같다.

애매한 시간 혼자 펍에 간다는 것

누군가 요즘 뭐가 재밌느냐고 묻는다면 맛있는 맥주 파는 곳에서 맥주 마시는 일이라고, 여전히 답할 것이다. 종종 혼자 가기도 하는데, 펍에 혼자 들어갈 때 제일 먼저 보게 되는 것은 몇 명이냐고 묻는 주인장 혹은 서빙하는 직원의 표정이다. 그럴 때 손가락 하나를 보이며 한 명이라 답하면, 손님이 없는 시간대에는 "편한데 앉으세요", 손님들이 곧 들이닥칠 것 같으면 바 자리도 괜찮으냐는 제안을 받게 된다. 어디든 괜찮다.

생각해보면 혼자 작정하고 맥주를 마시기 위해 펍을 찾는, 그러니까 맥주 자체가 목적이 되는 경우는 의외로 드물다. 주말에 맥주를 마시기 위해, 오롯이 그 목적을 위해 외출을 한다든지, 퇴근길 맥주만을 위해 혼자 펍을 찾는다든지 하는 일은 많지 않다. 어디를 갔는데, 마침 그 근처에 괜찮은 펍이 있으니 일 끝나고 들러볼까, 하는 경우가 일반적이다. 그래서 '어디'를 가게 되었을 때, 그 근처에 마침 좋은 펍이 있는지에 대해서는 머릿속에 있는 펍 DB를 돌리는 소극적 조사를 하거나 아니면 앱을 켜고 펍을 뒤지는 적극적 조사를 한다.

그렇게 결정한 펍의 공간과 분위기에서 맛있는 맥주를 한두 잔 마시는 시간은 매우 소중하다. 그리고 즐겁다. 고주망태가 될 때까지 술을 들이붓는 것도 아니고 한두 잔 마실 거라면, 음식으로 위장을 보호할 일도 없다. 그리고 그 정도의 취기는 무언가를 끝내고 집에 들어가기 전, 정리하는 기분을 느끼기에 적당하다. 그날 나에게 어떤 일이 있었든 간에, 기분 좋은 마무리를 하고 싶은 마음이라면 그렇게 펍을 찾게 된다. 그 시간만으로 위로를 받는다. 그래서 맥주가 목적이 된다기보다는 '어디'를 갔다가 그 이후 코스로 혼자 펍을 찾게 되는 걸지도 모르겠다.

지방 출장을 갔을 때, 혹은 외근을 나가 현장에서 퇴근하게 될 때 애매하게 남는 시간이 적절하다. 남는 시간도 애매하지만, 그 시간 자체도 애매하기 쉽다. 오후 5시가 조금 넘은 정도. 저녁 장사를 하는 펍은 이제 막 문을 열었을, 점심 장사를 하는 펍도 손님이 빠져나가 휴식하다 막 다시 문을 열 시간이다. 보통 손님이 없거나 매우 적고, 그래서 혼자 손님으로 입장해도 그리 홀대받지는 않는다. 그리고 그런 펍들은 보통 혼자 오는 고객들을 위한 바 자리를 마련해놓는다. 친구를 설득하기 귀찮아하는 맥주 애호가들이 혼자 오는 경우를 그들이 모를 리가 없다. 환대할 준비를 해놨다. 그렇게 광주 출장 중 동명로의 무등산 브루어리를, 부산 출장 일정 사이의 틈을 타 남포동의 아키투 탭 하우스와 장전동의 컬러드를, 서울 시내 어딘가에서 회의를 마친 후 순라길의 서울집시를, 충무로에서 혼자 영화를 보고 브아브아를, 신촌에서 파이썬을 수료하고 뉴타운을, 신도림에서 포럼 참석 후 걸어서 문래동의 비어포스트바를, 세종시에 다녀온 후 서울역에 도착해 만리199를, 그 밖에 여러 펍을 그렇게 찾았다.

  펍 문을 열고 손가락 하나를 들어 보이며 안내받은 자리에 앉는다. 손님이 몰려들기 직전의 시간이라 현재의 내가 약간의 특권을 누리는 것처럼 느껴진다. 한 잔을 마실 거면 더블 IPA를 선택한다. 도수가 꽤 나가기 때문에 350mL 잔에 마셔도 취기는 금방 올라온다. 두 잔을 마실 생각이면 첫 잔은 세종이나 바이젠을 고른다. 약간 망설이다 고제를 고를 수도 있다. 라거 계열이나 필스너는 고르지 않게 된다. 기왕에 혼자 즐기러 온 건데. 그런 맥주는 친구들과 함께 올 때 마시면 된다. 그리고 두 번째는 뉴잉글랜드 IPA나 더블 IPA로 간다. 한 잔이든 두 잔이든 마지막 잔으로 고른 맥주는 모두 홉의 향이 짙다. 이미 복잡하고 다채롭다. 음식이 별로 어울리지 않는다. 맥주만으로 충분하다.

취기가 올라오고 아직 홀은 그렇게 복잡하지 않고, 음악 소리도 잘 들린다. 기와탭룸에서 니나 시몬의 '라일락 와인'을 들었고, 브아브아에서 워라클스Worakls의 '블루Bleu'를 들었다. 일하는 사람이 손님인 나에게 집중해줄 때도 있다. 소소한 잡담을 하며 맥주에 대해 묻기도 한다. 그리고 하나둘 자리가 찰 때쯤 나는 계산을 하고 그곳을 나선다. 겨울만 아니면 대부분 날이 밝다. 살짝 취했고, 집에 가거나, 숙소에 가거나, 약속된 저녁 자리에 가면 된다. 이런 나른함은 직전에 있었던 일에 대한 좋은 보상이 된다. 이만하면 잘 정리가 된 것 같다.

살짝 예외의 경우도 있다. 최근에 출장도 아니고, 일이 끝난 김에 근처를 들른 것도 아닌 정말 맥주를 마시기 위해 혼자 펍을 찾은 일이 있다. 부서 워크숍을 하는 날이었는데, 장소가 외부였다. 부서장으로서 워크숍을 대하는 최대 미덕은 부서원들을 일찍 퇴근시키는 거라고 알고 있다. 1주일 전 워크숍 자료를 부서원들에게 보냈을 때 그 자료 가장 끝에 15시 이전 퇴근 보장이라는 문장을 써넣었다. 실제 당일에는 큰 이슈 없이 진행돼서인지 다 정리하고 나니 14시 30분쯤이었다. 부서 분위기가 전반적으로 그렇게 밝은 것은 그날이 처음이었다. 다시 회사에 돌아와 이것저것 정리를 하고 나니 15시가 조금 넘었고, 그대로 집으로 향했다.

집으로 가는 길 중간에 있는 공덕. 미스터리 브루잉 컴퍼니에 5주년을 기념하는 '파이브'라는 신제품이 나왔다는데 캔이라도 사갈까 싶었다. 잠시 고민하다가 결국 공덕에서 내려 미스터리 브루잉으로 향했다. 가을이 절정인 평일, 해가 쏟아지는 오후의 경의중앙선길 공원은 아름다웠다. 여기에서 핵심 단어는 평일이다. 몇몇 사람들이 한가롭게 벤치에 앉아 쉬거나 산책을 하고 있었고, 단풍이 화려한 나뭇잎에 오후의 기울어지기 시작한, 아직은 쌩쌩한 햇빛이 닿았다. 바람에 나뭇잎이 조금씩 떨어지고, 누가 봐도 도시 가을의 전형이 눈앞에 있었다. 그 풍광이 주는 운치에 굴복한 (스스로 굴복하길 바란) 나는 결국 그곳에서 한잔을 하고 가기로 했다.

역시 애매한 시간. 저녁만 되면 웨이팅이 걸리는 이곳에 한 테이블에만 손님이 있었다. 내 또래로 보이는 남자였고, 혼자 샘플러를 마시고 있었다. 맥덕이시구나. 종업원은 편한 곳에 앉으시라 말했고, 창가 가장 좋은 자리에 앉았다. 그리고 '파이브'를 시켰다. NE DIPA(뉴잉글랜드 더블 IPA)란다. 5주년을 기념하는 맥주이고 이름도 '파이브'이니만큼 홉도 다섯 종류가 들어갔다. 홉이 폭발했고 최근 어디에서 마신 뉴잉글랜드 IPA보다도 향이 셌다. 그리고 알코올도 셌다.

맥주를 마시며 옆을 보니 경의중앙선길 공원이 보였다. 도시의 가을이 지나가고 있었다. 워크숍도 잘 끝냈으니 이 정도 호사는 누려도 되지 않을까. 이번에는 펍 방문 자체가 목적이었기 때문에 예외라고 말은 했지만, 역시 일 하나를 끝내고 정리하는 시간이기도 했다. 맛있는 맥주를 마시고 적당히 취한 상태에서 쉴 수 있다는 건 좋은 일이다. 적당히 시간을 보내고 가게를 나오면서 같은 맥주로 캔을 하나 더 샀다. 그즈음 덩치 큰 남자가 혼자 들어와서는 '파이브'를 주문했다. 역시 맥덕들이란. 애매한 시간에 혼자 펍에 출몰하는 법을 잘 알고 있다.

나만의 조각

TV 시리즈 〈이상한 변호사 우영우〉에서 정명석 변호사는 위암 3기 진단을 받는다. 그간 열심히 산 것 같긴 한데, 이게 무슨 일인가 싶을 때 우리의 주인공 우영우가 그에게 와서 조금 전 주지 스님에게 말한 것을 멋있다고 하며 한마디 한다. "이혼당하고 위암에 걸릴 정도로 일에만 몰두한 보람이 있습니다." (정명석은 걸음을 멈춰 조금 시간을 두고) "아 그래, 보람이 있는 시간들이었을까?" 우영우는 바로 말한다. "네, 저는 그렇게 생각합니다." 그리고는 휙 사라진다. 곧 죽을지도 모르는 삶이지만, 잃은 것도 많았던 삶이지만 그래도 건질 것이 있었던 걸까? 헛산 것만은 아니었을까? 이런 의문에 대해 그는 보람있는 삶을 살았다는 답을 믿을만한 후배에게 들은 것이다. 〈이상한 변호사 우영우〉에는 화제가 되는 인상적인 장면들이 꽤 많은데 그중 이 장면이 나에게는 와닿았다.

사실 나는 영화나 드라마를 보면서 눈물을 별로 흘리지 않는다. 지인들이 모두 울었다는 〈코코〉의 '리멤버 미'에서도 눈물이 나지 않았다. 물론 감동적이기는 했다. 친구 J는 〈허공에의 질주〉만 보면 오열한다고 한다. 그래서 보았으나 어디가 오열 포인트인지 찾지 못했다. 그렇다가도 지금은 종영한 SBS 〈골목식당〉을 보며 찔끔 눈물이 날 때가 있다.

백종원이 식당에서 첫 시식을 하고 평가할 때, 대부분 혹평을 하거나 괜찮은 경우에도 평범하다든지 특별할 것 없다고 말한다. 그러면 혹시나 하고 긴장하고 있던 출연자들이 역시나 그렇지, 하며 허탈하게 온몸의 근육을 이완시키는 것이 보인다. 그러나 아주 가끔 백종원이 첫 시식에서 칭찬을 하는 경우가 있다. 그러면 출연자들은 모두 감격한다. 장사는 안돼서 힘들고, 그래도 여기까지 오랜 시간 버티며 나름의 음식을 만들어왔다. 그 누구도 좋다 아니다 속 시원히 말해준 적도 없고 인정받은 적도 없다. 그런데 대한민국 최고라는 전문가에게 맛있다는 말 한마디를 듣는 순간, 그들은 자신의 삶이 헛된 것은 아니었다는 것을 알게 된다. 그 순간의 안도감과 벅참으로 어떤 출연자는 눈물을 흘린다. 바로 그때, 나는 엉뚱하게도 눈물을 흘릴 때가 있다. 이 이야기를 주변 사람들에게 했지만 단 한 번도 공감을 얻은 적이 없다.

대부분은 평범한 삶을 산다. 내가 어느 순간 사라져도 이 세상은 영향받지 않는다. 일에 대한 대체자는 얼마든지 있다. 그리고 어떻게든 굴러가게 되어있다. 우리 모두 그 사실을 안다. 그렇지만 내가 하는 일을 될 대로 되라는 식으로 아무렇게나 하는 사람은 드물 것이다. 아휴 귀찮아, 하면서도 나름의 최선을 다한다. 최선을 다하지 않는 척하면서도 그래도 이 정도는 해야 하지 않을까, 하는 마음에 뭐라도 하며 그렇게 살아간다. 돈 많은 할아버지와 관대한 아버지를 둔 재벌 3세라서 아무것도 하지 않고 돈만 까먹어도 되는 사람조차도 실은 뭐라도 할 것이다. 그게 탐조나 예술활동 같은 취미가 되었든 뭐가 되었든 말이다.

그 '뭐라도'에도 시간과 노력이 필요하다. 그렇지 않은 '뭐라도'는 존재하지 않는다. 누가 봐도 가치 있는 일을 하는 사람이 있겠지만, 우리 대부분은 평범하게 살아간다. 그래서 우리는 평범한 일을 가치 있는 것으로 만들고 싶어한다. 그럴 수 없다면 스스로라도 그렇게 생각할 수 있도록 마인드 컨트롤을 하거나. 그것이 살아가는 방법의 하나일 것이다.

6개월, 1년, 10년, 30년간 일을 지속한다. 같은 일이어도 좋고 매번 바뀌는 일이어도 상관없다. 별수 없기 때문에 우리는 평범하기 짝이 없는 일을 하며 살아간다.

나이를 먹으면서 일을 한 총시간이 늘어난다. 아무나 할 수 있는 그 일이, 사실은 그렇게 한심하기만 한 일은 아니라는 생각을 하며 우리는, 혹은 나는 하루하루를 살아갈 수도 있다. 사회로부터, 타인에게 아니, 오쿠다 히데오의 『남쪽으로 튀어』에 나오는 "이해해주는 사람은 반드시 있어"라는 말처럼 단 한 사람에게라도 인정받을 수 있다면 좋겠지만, 그런 일은 쉽게 일어나지 않는다. 살기 바쁜 와중에 여유롭게 남의 성과에 대해 '정말 좋습니다' '좋아요'라고 말해주기는 쉽지 않은 일이니까. 그저 나도 모르게 만들어버린 나만의 논리로 내 일과 삶의 가치를 조각한다. 내가 만든 조각이니 나만의 아틀리에에서 나만 볼 수 있지만, 그래도 보기 나쁘지 않게 만들며 그렇게 나이를 먹는다.

　오랜 세월 동안 조금씩 덧붙이기도 하고, 또 다른 것을 만들기도 하며 모서리를 깎아 모양을 만들고 있을 때, 아무도 찾아오지 않은 아틀리에에 누군가 초인종을 누른다. 〈골목식당〉의 경우, 온통 엉망이 되어버린 아틀리에에 백종원이 문을 열고 들어와 출연자가 만들어놓은 조각을 보고 근사하다고 말을 한다면 그들은 울컥할 수밖에 없다. 그리고 그 누구도 들어오지 않을 평범한 아틀리에에서 일을 하는 나는 그 순간 그것이 무엇인지를 안다. 잠시 일을 멈추고, 그들을 보며 조금은 부러워하고, 그리고 나의 조각을 본다. 들릴 듯 말 듯한 한숨을 쉬고 문을 잠시 보지만 누구도 들어오지 않는다. 초인종은 울리지 않는다.

어느 날 우리의 아틀리에에 누군가 초인종을 누른다고 생각해보자. 그리고 그가 당신의 조각을 보고 그리 요란하진 않아도 적당한 경탄과 함께 당신의 등을 툭 쳐줄 때, 이건 기대하지 않았던 삶의 순간일 것이다. 당연히 벅찰 수밖에 없다. 이것은 인생의 큰 보너스다. 대부분은 이런 보너스 없이 아무에게도 보여주지 못한 채 아틀리에의 전원을 내린다. 그러나 그곳에는 무엇이 되었든 조각이 남아있을 것이다. 누군가에게 인계될 수도 어쩌면 철거될 수도 있는 조각이지만 어두운 그곳에 홀로 남은 조각은 틀림없이 그리 나쁘지 않은 작품일 것이다. 평범하고 무난해도 적어도 누군가의 수십 년 손때를 탄 그것은 그렇게 나쁠 이유가 없다.

어른의 손

한국 독립영화에 그다지 흥미가 없다. 자본의 힘으로 만들어 모니터링 관객의 점수에 좌지우지되는 상업영화에 비해 확실히 독립영화의 소재 폭은 넓다. 그들은 하고 싶은 이야기를 하고 관객은 그 이야기 중에서 선택할 수가 있다. 엄청난 장점임에는 틀림이 없으나 다르게 생각하면 내게 관심 없는 이야기를 하는 영화도 많을 수 있다는 뜻이 된다. 스펙트럼이 넓어졌는데 어떻게 그 넓은 스펙트럼을 다 좋아할 수가 있나. 모든 독립영화를 좋아한다는 건 취향이 없거나 한국 독립영화라는 형태를 사랑하는 관객이거나 둘 중 하나일 것이다(혹은 둘 다거나).

첫 문장에 나는 '그다지 흥미가 없다'라고 썼다. 아마도 한국 독립영화가 하는 이야기 중 많은 부분 흥미가 없는 쪽인 모양인데, 이런 심드렁한 가운데에서도 반짝 눈에 띄는 영화가 있기 마련이다. 일정한 타율로 마음을 움직이는 영화가 발견되니, 최근에 본 이란희 감독의 〈휴가〉가 그랬다. 〈휴가〉는 2023년 3월 현재, 왓챠에서 서비스 중이다.

영화가 시작하면 강남역 앞에서 전단을 나눠주는 중년의 덩치 큰 남자가 나온다. 그 외에도 두 명이 천막 앞에 있는데 그들은 가구공장에서 부당해고를 당했다며 시위를 하는 노동자들이다. 그러나 상황은 좋지 않다. 법원에서는 이미 회사 쪽 손을 들어줬고, 뜻을 모았던 조합원들도 하나둘 떨어져 나가는 중이다. 단 세 명이 남아 천막을 지키고 무관심한 시민들에게 전단을 속절없이 뿌리고, 버려지고, 다시 그걸 줍는다. 그러다 누군가 제안한다. 휴가 좀 다녀오자. 영화 제목이기도 한 '휴가'는 시위 중 잠시 그 현장을 빠져나와 집으로 돌아가는 며칠간을 말한다.

주인공 재복은 오래 비웠던 집에 들어간다. 학생인 딸 둘이 살고 있는 이 집은 그야말로 방치되어 있다. 문을 열면 싱크대에 막혀 내려가지 못한 구정물이 재복을 반긴다. 휴가라고 왔지만 재복은 쉴 수가 없다. 집안일도 해야 하고 오랜만에 딸 둘을 보살펴야 한다. 대학에 붙은 딸의 예치금 30~40만 원을 마련하기 위해 친구가 운영하는 목공소에서 단기 아르바이트를 하기도 한다. 그렇게 휴가를 하루하루 보낸다.

그간의 영화 경험에 의하면 이런 휴가, 어쩐지 불안하다. 휴가라는 단어가 역설로 다가올 것 같다. 오랜만에 돌아온 일상은 사실 더 어둡고 서로에게 생채기를 내며 암울하기 짝이 없는 것. 그런 압박 같은 휴가를 끝내고 다시 시위 현장으로 돌아가는 재복의 얼굴이 마지막일 것 같았다. 그런 기미가 보이면 당장 영화를 꺼야지. OTT 좋은 게 뭔가. 그렇게 생각했다.

의외로, 그리고 다행히도 이 영화에는 일상의 위태로움이 없었다. 딸이 대학에 붙었다는 소식에도 마음껏 기뻐할 수 없는 아버지의 심정이 기본으로 깔렸지만, 적어도 그를 둘러싼 일상이 재복을 숨 막히게 하지는 않는다. 투덜대지만 딸들은 아버지를 싫어하는 것 같지 않다. 일자리가 필요한 재복을 위해 어쨌든 친구는 일을 기꺼이 내준다. 재복은 함께 일하는 어린 선배에게 도시락을 싸준다. 그리고 그의 집에 가서 고장이 난 보일러를 고쳐준다. 젊은 노동자의 집에 그제야 온기가 퍼진다. 재복의 손이 그런 것들을 해낸다. 집에 오자마자 싱크대 배수구를 고치고, 냉장고를 박박 닦고, 같이 먹을 도시락 반찬을 만들고, 보일러를 손본다. 처음에는 실수하지만 금방 익숙하게 목공 일을 해내고 그만둘 즈음에는 꼼꼼하게 목공 도구를 닦고, 정리한다. 그리고 영화의 마지막, 재복은 팬에 소시지를 달달 볶는다. 절반은 딸들을 위해 냉장고에, 절반은 다시 고공시위에 들어간 동지를 위한 식량으로 가져간다. 온기를 만드는 손, 어른의 손이라는 생각이 들었다. 〈휴가〉는 노동운동의 괴로움을 자극적으로 이야기하지 않는다. 그리 잘나지 않은 것 같은 사람을 주인공으로 두고, 그와 함께 관객은 사람과 사람이 살아가고 있다는 당연한 생각을 하게 된다. 별다른 사건도 없어서 그 생각은 더 내내 담담하게 다가온다. 그게 좋았다.

떠나기 전날, 큰딸은 재복에게 돌아가지 말라고 한다. 재복은 늘 그렇듯 희미하게 말하면서도 뜻을 굽히지 않는다. 관객인 나도 재복이 돌아가지 않길 바랐다. 돌아간들 무엇하나. 영화는 그런 암시를 이미 줬다. 남을 명분은 많다. 재복의 손을 기다리는 사람은 이곳에 많이 있다. 그러나 재복은 새벽, 다시 강남역으로 떠나고 손수 만든 도시락을 고공으로 올린다. 카메라는 재복의 표정을 담았고, 나는 그 표정에서 복잡함을 읽었다. 여기 있는 게 맞는 것인가, 가족과 함께 남았어야 하나. 그런데 그 복잡함은 내 마음에서 기인한 것 같다. 이란희 감독은 재복에게 끝까지 함께 있을 사람이라는 말을 했다. 무엇이 어른다운 것일까. 이제는 현실을 알고 가족에게 돌아가는 것이 어른일까, 그래도 끝까지 동지들과 함께하는 것이 어른일까. 난 잘 모르겠다. 그러나 어른의 손을 가졌던 재복이 어른에 더 가까울 것이다. 감독의 말처럼 끝까지 남을 재복이라는 어른.

에브리씽 에브리웨어 올 앳 원스

10대의 5월, 어떤 토요일. 마이크 니콜스의 〈워킹 걸〉이 보고 싶어 개봉하는 날 을지로에 있던 국도극장에 혼자 간 적이 있다. 이 영화가 당시 왜 그렇게까지 보고 싶었는지는 기억에 없다. 다만, 1989년 오스카 주제가상을 듣도 보도 못한 노래가 받았다는 소식에 분노한 기억은 있다. 필 콜린스의 '투 하츠'와 〈바그다드 카페〉의 '콜링 유' 둘 중 뭐가 받을지 궁금해하며 난 필 콜린스가 받기를 기원했고, '콜링 유'가 받으면 아깝지만 어쩔 수 없다고 생각하던 중에 있는지도 몰랐던 칼리 사이먼의 '렛 더 리버 런'이라는 곡이 받았다는 소식을 들었다. 도대체 어디서 튀어나온 노래냐며 한번 들어나 볼까 하는 자세로 들어보니 당연하게도 정말 별로였다.

이 별로인 노래가 도대체 무슨 영화의 주제곡인지를 확인하니 〈워킹 걸〉이라고 했다. 〈워킹 걸〉이라. 좋지 않은 첫인상이었지만 나오는 사람들이 제법 짱짱했다. 그게 〈워킹 걸〉에 대한 첫 기억이고 개봉까지 1여 년 사이, 왜 갑자기 그 영화가 나에게 호감이 되었는지는 모른다. 심지어는 '렛 더 리버 런'도 내가 사랑하는 곡이 되어 있었다. 무슨 일이 있었던 걸까. 10대의 지조란 어차피 존재하지 않는 것 아니겠는가.

"이 영화 보러 갈래?" "그게 무슨 영환데?" "그게 말이야…" 당시 친구들에게 설득할 에너지도 없었으므로 혼자 길을 떠났고, 그렇게 을지로3가역에서 내려 국도극장으로 걸어갔다. 그러나 도착한 극장에는 엉뚱한 간판이 걸려있었다. 뭐지? 국도극장이 아니었나? 맞는데? 그때 내 눈에 들어온 것은 다음 주 개봉 예정작 〈워킹걸〉의 포스터였다. 그 순간의 낙심은 대단한 것이었다. 얼마나 대단한 것이었느냐면 아직도 기억이 날 정도의 대단함이다. 영화를 보러 가기 전의 설렘을 생각할 때 가장 먼저 떠오르는 건, 바로 이 관람 실패로 인한 좌절감에 대한 에피소드다.

영화를 보기 직전 설레던 마음의 마지막은 언제였더라. 과연 있었던 감정인가 의심이 들 정도로 오래전에 먼지가 되어 사라졌다. 그러다 최근 극장 가는 길이 제법 기대되고 기뻤던 적이 있다. 10대 때의 그 두근거림은 아니겠지만, 극장 가는 길의 설렘이라는 화석이 발굴되어 그 위의 먼지를 털었더니 당시 그 모양이 희미하게 보이더라 정도라면 대강 맞겠다. 그 영화는 수많은 시간을 투자해 겨우 제목을 외운 〈에브리씽 에브리웨어 올 앳 원스〉. 오래전부터 예고편을 보고 반한 영화다. 멀티

버스를 소재로 한 괴상하고 정신없는 SF인 거 같은데 그 것만으로는 온전한 정체를 알기 힘들었다. 예고편 중반부터 데이빗 보위의 '타임'이 나오고, 그 노래가 양자경이 여러 우주에서 한 방향으로 머리를 맞는 장면과 키호이 콴이 무술을 하는 장면의 리듬과 섞이는데, 아주 절묘하고 쾌감이 있었다(그 리듬은 본편에는 없다. 조금 다른 이야기지만 예고편에서 반했던 그 음악과 편집의 합이 원래는 없는 거라는 걸 깨닫고 허탈할 때가 있다. 그럴 때면 내가 좋아했던 건 세상에 존재하지 않는 거라는 생각을 하게 된다).

그 이후부터 나는 영화가 개봉하기만 기다렸고, 회사 극장 프로그래머에게 이 영화 좀 상영해달라고 떼를 썼지만, 이미 더쿱이라는 곳에서 수입해 상영을 준비 중이라는 답이 돌아왔다. 그 이후 나는 더쿱 트위터에 가서 도대체 언제 이 영화를 개봉할 작정인지를 알아보기 위해 뻔질나게 들락날락했다. 그러다 2022년 안에 개봉한다는 프로필 글이 올라왔고, 결국 10월이 되어서야 개봉한다는 최종 공지를 확인했다. 부산국제영화제 상영 직후, 듣자 하니 영화제에서는 야외상영작이었는데, 화제작 중 화제작이었다고 했다.

극장의 불이 꺼졌고 돌비 애트모스의 음향을 과시하는 트레일러가 나왔다. 그리고 영화가 시작됐다.

어른이 된 이후 설렘만 사라진 게 아니다. 혹여 설렘이 찾아오더라도 설렘의 지속 시간이란 것이 급격하게 짧아지게 된다. 10대에는 영화가 아무리 그냥 그래도 그 두근두근했던 마음이 워낙 커서 그 마음이 영화의 객관적 품질을 넘어서기도 한다. 한참을 지나 다시 그 영화를 볼 기회가 있을 때, 내가 왜 이 영화를 보고 팸플릿까지 사서 시도 때도 없이 복습했을까, 의아해지는 영화가 한두 편이 아니다. 그런데 정말 재미있는 영화였다면?

당분간 그 영화는 폭죽이 되어 내 삶을 불꽃놀이로 만든다. 보고 또 본 팸플릿은 너덜거렸고, 잠들기 전 그 영화에 대한 망상을 했다. 그러나 어른이 된 후, 즉 오래전부터 그럴 일은 없다. 무엇이든 더 냉정해지고 건조해지기 마련이다. 아주 가끔 가까스로 설렜던 마음은 영화의 품질이 별로라는 슬픈 결말에 냉혹하게 사그라지게 된다. 결국, 설레는 마음 자체도 존재하지 않게 되었으니 영화가 나를 잡아먹는 일은 없다.

〈에브리씽 에브리웨어 올 앳 원스〉는 결국 가족에 대한 이야기다. 그것도 그들이 화해한다는 진부하기 짝이 없는 결론인데 그걸 푸는 방식에 멀티버스를 사용했다. 그걸 사용하면서 두 감독 특유의 기발한 상상력이 동원된다. 그 면면을 다 말할 수는 없지만, 양자경이 도달하는 멀티버스 중 하나는 영화 〈캐롤〉을 모티브로 하는 손가락이 핫도그인 세상이라니 정말 이게 뭐야 할 정도로 기발하지 않은가(모 평론가는 '그다지 미친 상상력도 아니던데' 라는 식으로 코웃음 치던데, 이런 식의 평론가적 흥 깨기, 정말 마음에 들지 않는다. 쳇). 정신없는 설정과 말도 안 되는 이야기를 그에 상응하는 비주얼과 사운드로 시치미 뚝 떼고 박력 있게 밀고 나가는데, 거기에 유머는 기본 배경으로 깔려있다. 영화가 정신없다고 말하는데, 그럼에도 플롯은 영화 속에서 다 말이 되고 개연성이 있다. 이야기가 다 딱딱 떨어진다는 말이다. 그러니 어찌 사랑스럽지 않단 말인가. 영화를 같이 본 Y는 이미 먼저 보고 두 번째 보는 거였는데도 또 보고 싶다며 신나 했다.

〈에브리씽 에브리웨어 올 앳 원스〉를 보기 전 약간의 설렘이 있었고, 영화의 품질도 매우 좋았으니, 나의 정서적 건조함에 변화가 있었을까. 영화가 나를 조금이라도 잡아먹었을까. 예상했겠지만 극적인 변화는 없다.

10분의 영상이 추가된 특별판이 극장에서 상영된다던데 또 가서 볼까, 라는 마음이 살짝 들고, 유튜브에서 다시 트레일러를 검색하며 데이빗 보위의 '타임'과 경쾌하게 어울리는 리듬을 몇 번 더 경험하는 정도, 그리고 앞으로 있을 수상 레이스를 응원하고 싶다는 정도가 변화의 결과다. 이게 다지만, 이 정도면 충분한 것 같다. 이마저도 진귀한 경험임은 틀림이 없을 테니까.

가성비의 세상

책을 읽는 행위에는 고도의 집중력이 필요하다. 내용이 무엇이든 책은 글자의 나열로 표현된다. 독자는 그 글자를 읽으며 정보를 얻든, 이야기를 즐기든 해야 한다. 이를테면 SF 소설을 읽는 독자는 익숙한 시간대의 지구가 아닌 생소하게 창안된 시간과 공간에서 일어나는 일을 이해하기 위해 글자만을 통해 그 세계를 구조화할 줄 알아야 한다. 그리고 우리 주변의 인물과 전혀 다른 경험을 해온 등장인물에 공감해야 한다. 그래야 그 시공간에서 그들에게 일어나는 일을 따라갈 수 있다. 게다가 그 소설이 번역본이라면 하나의 허들이 더 있는 셈이다. 매력적이지만 동시에 골치 아픈 일이다. 집중해야 하고 머리는 복잡해진다. 한마디로 가성비가 좋은 매체는 아니다.

읽는 것이 아닌 보는 행위는 즉각적이다. 그림책, 만화는 책보다 훨씬 직관적이고 쉽다. 재미도 있다. 만화를 많은 부모가 경계했던 이유는 자신의 아이가 (공부할 시간도 모자란데) 빠져나오기 힘든 매체라 생각했기 때문이다. 여기서 더 나가면 영상일 것이다. 읽지 않아도, 페이지를 넘기지 않아도 보는 것만으로 모든 정보와 이야기를 내 머리에 넣어준다. 영화를 생각해보자. 한 시간 반에서 두 시간 사이의 영상을 보며 빠져든다. 소설 한 편을

책으로 읽는 것과 그걸 잘 각색한 영화 한 편을 보는 것은 같은 내용을 다른 노력으로 내 안에 넣는 것이 된다. 러시아 고전 문학을 생각해보라. 후자가 훨씬 쉽다.

그 영상이라는 것도 달라진 지 오래다. 필름으로 느긋하게 찍혔던 영화는 디지털 시대에 접어들며 컷 수가 많아지고 속도가 빨라진다. 그런가 하면 영상의 길이 자체도 짧아졌다. 유튜브의 시대에 들어왔다. 10분 안쪽의 콘텐츠가 대세인 플랫폼에서는 시청자가 손을 쓸 겨를도 없이 내용을 압축하고 속도를 높인다. 그래도 소비자는 언제나 이긴다. 아무리 짧아도 그걸 견디지 못하는 시청자는 영상 우측을 더블 클릭하며 10초, 20초 이후로 보내버리거나 아예 처음부터 1.2배속이나 1.5배속으로 본다. 대부분은 영상이 시작한 직후 수십 초 만에 이탈한다. 극장에 앉아 영화를 보는, 편성표에 따른 TV 프로그램을 보는 시대에서 내가 적극적으로 콘텐츠의 재생이라는 행동에 개입할 수 있는 시대가 되었다. 망설이지 않고 콘텐츠에 투여하는 나의 시간을 아낀다.

OTT의 시대가 오며 한 편짜리 영화보다는 시리즈가 돈이 되고, 그래서 모든 이야기를 시리즈로 기획하는 시절이 되었다. 그리고 시청자는 시리즈를 보며 화면 하단 상태바를 이동하며 부분 스킵한다. 생산자가 늘린 콘텐츠를 자발적으로 요약하는 것이다. 이도 귀찮은 사람들은 처음부터 누군가 만들어 놓은 요약 영상을 유튜브로 찾아본다. 10부작 시리즈를 1시간 30분 정도 요약한 영상으로 완주한다. 실제로 이런 요약 영상의 조회 수는 상당하다. 1시간 30분짜리 장편 영화를 보기 위해 썸네일을 클릭하는 것보다 1시간 30분짜리 요약 영상을 클릭하는 것이 훨씬 수월하다. 왜일까. 늘 그것이 궁금했다.

유튜브 요약 영상 스타일로 1시간 30분 러닝타임 장편 영화를 만든다면 인기 있을까? 이런 영화가 만들어지기는 했을까. 만들어졌어도 그리 화제가 되지 않는 걸 보면 흥행에는 실패한 모양이다. 1시간 30분 요약 영상과 그렇게 만들어진 장편 영화는 같지만, 전혀 다르다. 요약 영상에는 자신이 투여해야 했을 10시간을 1시간 30분으로 줄여줬다는 전제 조건이 붙어있다. 한 마디로 가성비 어드벤티지다. 결과만 보면 생산자가 유행에 맞춰 늘린 시리즈 콘텐츠를 다른 한쪽은 다시 줄여 영화 한 편 정도로 만들어버린 셈이다. 결국, 소비자는 그것을 본다.

틱톡과 릴스, 쇼츠는 이런 것들을 더 짧게 만들었

다. 10초에서 1분 미만으로 만들어진 이 세로형 영상 콘텐츠는 모바일에 특화되어 있고, 침대에 드러누운 나의 머리를 텅 비우며 끝이 없는 길로 안내한다. 점점 조급해지는 사람(혹은 고객)과 싸워 승리하기 위해 만들어진 것들이다. 앞으로 더 짧아질 수 있을까? 2D 영상보다 더 자극적이고 실감이 나는 VR이 대중화될까. 그러니까 콘텐츠가 더 쉬워질까. 마약 같아질까. 가능할 것이다. 그렇다면 그런 콘텐츠는 사람을 어떻게 바꿀까. 바꿀 수 있을까?

잠시 이야기를 돌려보자. '나는 호구가 될 수 없다'와 '나는 손해를 볼 수 없다'라는 아주 보편적인 말이 요즘 세상을 떠돈다. 내 노력에 대한 보상, 공정함, 완벽한 균형도 모두 여기에 포함된다. 별거 아닌 것 같고, 연관성도 모르겠고, 무엇보다 다 맞는 말처럼 보인다. 그러나 이런 것들이 오래전부터 불편했다. 그리고 최근에야 나를 거북하게 했던 여러 가지가 느슨하게 연결되어 있다는 생각을 하게 됐다. "아니 그게 왜? 그건 다 좋은 거잖아? 특별할 것도 없고"라고 물어보면 난 생각을 오래 정리해서 긴말로 설명해야 한다. 상대의 명료한 질문에 비해 이미 힘을 잃는다. 그래서 보통은 그래 맞지. 그렇게 대화를 끝낸다.

뭐라고 해야 할까. '절대'라는 단어를 문장 안에 넣어보라고 하면 어떨까. '나는 절대 호구가 될 수 없다'와 '나는 절대 손해를 볼 수 없다'. '절대'가 들어가면 문장의 힘과 색깔이 바뀐다. 가성비의 세상에서 내가 들인 노력은 마땅히 최적 혹은 그 이상의 효과를 봐야 한다. 돈 받는 만큼만 일하라. 시대를 불문한 명제다. 그러나 돈을 받은 만큼과 하는 일의 양을 정량적 매칭하는 사람은 없다. 같은 돈을 받는 100명의 사람 모두 자신이 받는 돈만큼의 일의 양을 다르게 말할 것이다. 그저 일하기 싫음에 대한 수사일 뿐이다. 예전에는 그랬다. 하지만 점점 진심이 되어간다. 내가 생각하는 만큼 이상의 일은 하지 않을 것이다. 난 손해 볼 수 없으니까. 각자의 기준으로 그렇게 각자 말한다.

이는 모두가 이익을 보는 세상이 있지 않은 한 '남이 손해를 볼 수도 있다'가 아닌 '남이 손해 봐야 한다'로 연결된다. 당연히 기형적이다. 또 내가 손해를 보지 않을 수 있었음에 대해 나의 노력과 잘남이 100퍼센트였을까. 누군가의 조력이 있지 않았을까. 출발점이 좋지 않았을까. 운이란 것이 따르지 않았을까. 이런 수많은 변수에 관심이 없다. 내가 가성비의 세상에서 승리한 삶을 살았기 때문이라고 생각한다. 이에 근거한 보상과 공정함, 균형은 단어가 주는 건강한 의미와는 달리 매우 무서운 것일 수 있다. 여기에는 '기계적인' 이라는 단어를 붙여보자. '기계적인 공정함'과 '기계적인 균형'. 이 수식은 사회를 덮고 있는 수많은 층위와 역사를 뒤에 둔다. 그리고 나와 타인의 다름에 대한 고민도 관심거리가 아니다. 이 모든 것이 가성비의 세상에서 일어나는 일이다.

가성비의 콘텐츠가 범람하여 가성비의 세상이 된 것일까. 가성비의 세상이기 때문에 가성비 넘치는 콘텐츠가 대세인 걸까. 전혀 다른 이유로 이미 가성비의 세상이 되었기 때문에 우리는 이런 생각들을 아무렇지도 않게 하고 크리에이터들은 그런 콘텐츠들을 만들어내는 것일까. 물론 난 답을 알지 못한다.

정말 오랜만에 퇴근 후 회사에서 영화를 봤다. 아핏차퐁 위라세타꾼의 영화를 하나도 보지 않았지만 〈메모리아〉는 어쩐 일인지 궁금했다. 영화가 시작됐다. 태국 감독이 콜롬비아에서 촬영한 이 영화는 무척 느리고 롱테이크는 끝도 없이 길었다. 카메라는 움직임도 없이 공간을 또는 사람을 끈질기게 응시했다. 스크린 속 비는 계속 내렸고 그를 찍는 카메라는 오랜 시간 고정되어 있었다. 영화 내내 예고도 없는 미지의 폭발음이 언제 날지 몰라 긴장하면서도 두 눈은 감겼다, 떴다를 반복했다. 영화의 한 장면, 식당 테이블에 앉은 사람들 간 대화는 묘하게 긴장감이 넘친다. 그러나 여전히 길다.

한마디로 〈메모리아〉는 가성비가 좋은 콘텐츠는 아니다. 하염없이 영화를 보며 단단한 늪에 천천히 빠지듯 영화에 빠져 들어가는 과정을 경험하게 된다. 영화를 다 보면 엔딩 크레딧과 함께 다시 빗소리가 들린다. 역시 끝도 없다. 극장 의자에서 몸을 일으키니 어쩐지 힘든 느낌이다. 그러나 시간이 지나도 영화는 머리에서 빠져나가지 않고 부분부분 되려 진해진다. 나에게 의미 있는 경험이었던 모양이다.

물론 〈메모리아〉가 가성비의 세상을 구원할 수는 없다. 다만 풍성함에는 어떤 일조를 하는 것 같다. 종종 언젠가는 짧은 것들만 살아남을지 모른다는 합리적 상상을 한다. 그와 함께 살아남을 길고 가성비가 안 좋은 것들, 이유 없이 존재하고 거추장스러운 것들을 응원한다. 저런 게 왜 있는 걸까, 고민하는 순간 '절대'와 '기계적인' 이라는 단어가 점점 희미해질 것 같다. '가성비'도

필수가 아닌 선택이 될 수 있다. 단문으로 정리되고 짧은 영상이 점령하는 최적화된 세상에 나도 모르게 적응하고 있을지 몰라도, 마음 어딘가에서는 그다지 내 스타일이 아니라 말한다.

12월, 파주의 오후 5시

12월 초. 자체적인 사업 평가도 끝났고, 예산 심의도 끝났고, 부서장들이 모이는 워크숍도 끝났다. 아직 사업이 다 마무리된 건 아니지만 이쯤 되니 한 해가 저무는 느낌이 든다. 그렇다 보니 부쩍 회사 가기가 싫다. 몸을 움직이는 게 괴로운 계절, 겨울이다.

나에게 한국의 계절은 겨울이 기본이다. 여름조차 고무줄 당기듯 억지로 늘려 잠시 머무는, 금방 끝나고 언제고 다시 겨울로 되돌아갈 준비가 되어있는 계절이다. 봄과 가을은 그 당겨진 고무줄에 생기는 미세한 실금 같은 것이다. 사실 내게는 겨울과 여름만 있는데 그 사이사이 겨울과 여름으로 정의할 수 없는 애매한 기후가 있는 것이고, 그 환절기의 일부를 봄과 가을이라 부를 뿐이다. 생각해보라. 봄이라고 늘 봄 같은가. 어제는 겨울 같고 내일은 여름 같지 않은가.

기상학적으로 한국의 여름과 겨울 중 어느 계절이 더 긴지는 모른다. 분명한 건 여름은 빨리 끝나는 것 같고, 겨울은 늘 언제 끝날지 기약이 없게 느껴진다는 것이다. 그래서 지금 시작된 겨울이 도무지 언제 끝날지 막막하기만 하다. 며칠 전까지 11월 말임에도 날이 제법 따뜻했다. 이러다 곧 추워질 거라는 공포를 안고 살면서도 좋았다. 그러다 하루 사이에 시베리아 기단이 내려왔고 한국은 순식간에 영하가 되었다. 다행히 재택을 하는 날이었는데 쓰레기를 버리러 가는 길, 한숨이 나왔다. 왜 이렇게 추운 거지. 이거 언제 끝나나. 한숨에서 입김이 보였다.

CJ ENM이 파주에 스튜디오를 크게 지었는데 그중 한 동을 버추얼 스튜디오로 만들었고, 업무차 견학할 기회가 생겼다. 이렇게 추운 날 집에서 상암으로 출근해 동료들과 파주로 가서 견학하고 밥 먹고 다시 상암으로 와서 일하다가 집으로 퇴근하는 일정이라니 생각만 해도 피곤하다. 사람이 어떻게 그럴 수가 있는가. 결국 오후 반차를 쓰고 버추얼 스튜디오까지는 현지 출근하는 출장 계획을 올렸다. 즉, 내 차로 파주에 바로 가서 견학을 한 다음 밥 먹고 일행과 헤어져 자유 시간을 갖는다는 말이다. 업무를 마치고 집에 갈까 하다가 파주 메가박스에서 하는 〈본즈 앤 올〉을 보기로 했다.

버추얼 스튜디오 견학을 마치고 극장으로 가는 길, 시간이 빡빡했다. 앱으로 영화표를 예매할 때 주차는 어디로 하라는 경고 문구가 너무 길어서 외우지는 못하겠고, 일단 가보면 주차장이 보이겠지 싶었지만 차를 가지고 극장이 있는 낡은 쇼핑몰 건물을 한 바퀴 도는데도 도무지 주차장 표시가 안 보였다. 운전대를 잡고 있는데 이미 영화가 시작하는 시간이 되었고, 앞에 10분 정도 광고가 있다곤 하지만, 이를 어쩐다. 결국, 건물 뒤쪽으로 운전대를 꺾었다. 출판사 건물은 많지만, 평일 파주의 뒷길은 고요했고, 주인이 어디 있는지 모를 차들만 하나 가득이었다. 마침 한 곳이 비어 그곳에 차를 넣었다. 그리고 종종걸음으로 뛰다시피 극장 건물로 향했다. 극장은 텅 비어 있었고, 나 포함 5명 정도 관람했다.

루카 구아다니노 영화를 좋아한 적은 없다. 〈콜 미 바이 유어 네임〉은 별 감흥이 없었고 〈서스페리아〉는 예쁘게 끔찍할 뿐이었다. 직후 다시 본 다리오 아르젠토의 〈서스페리아〉가 훨씬 재미있었다. 감독이 자신의 근사한 시각적, 음악적 취향을 영화로 자랑하는 느낌이랄까. 그럼에도 〈본즈 앤 올〉을 보러 왔고, 영화 초반, 왜 이런 이야기를 영화로 봐야 하는가에 대해 후회를 하며 루카 구아다니노의 세 번째 싫어하는 영화가 될 것 같았지만, 러닝타임이 지속될수록 결국 사랑하는 사람들의 절박함에 몰입하고 말았다.

태생부터 외로울 수밖에 없는 사람들, 그들이 필사

적으로 자신의 역사를 찾으려 하고, 거기서 좌절하고, 가까스로 찾은 나를 이해해줄 것 같은 유일한 사람. 그를 잃을 수 없어 필사적으로 지키고 사랑하는 이야기가 〈본즈 앤 올〉이었다. 처절하고 여전히 예쁘고 슬펐다. 이야기에 설득되니 이번에는 루카 구아다니노의 비주얼과 사운드도 고스란히 와 닿았다. 붉은색이 많은 영화지만 어딘가 서늘한 영화를 끝내고 나온 파주의 공기도 차가웠다. 건물을 나서니 차로 돌 때는 그렇게 안 보이던 메가박스 주차장이라는 표지판이 잘 보였다. 저쪽으로 가야 하는 거였군. 주머니에 손을 쑤셔 넣고 주차장의 반대 방향, 차를 댄 곳으로 걸었다.

겨울이 싫은 이유 중 하나는 해가 짧다는 것이다. 아직 오후 5시가 채 안 되었는데도 파주의 해는 사라지기 일보 직전이다. 하루가 어이없이 빠르게 종료되는 느낌. 조금은 억울하고 손해 보는 느낌이다. 해가 눕기 시작하니 공기는 급격하게 차가워졌다. 차를 세운 뒷길로 가기 위해서는 작은 천에 놓인 다리를 건너야 했다. 천변을 걷고 있자니 무성한 갈대가 눈에 보였다. 제법 많은, 바싹 마른 갈대들이 사선으로 누웠고, 그 위로 차가운 햇살이 반짝였다. 주변은 어떤 소리도 없이 고요했다. 바람도 없었다. 한적한 도로 위로 가끔 차가 한 대 지나갈 뿐이었다. 사람들은 다 어디 있는지. 근사하게 지은 건물들이 많은 출판단지지만, 건물들은 이미 적당히 노쇠했다. 가지만 남은 나무에 갈대도 무성하고 보도블록도 울퉁불퉁하다. 사이사이에는 누런 풀이 올라와 있다. 오래된 주공 아파트의 나무가 아파트 건물 높이만큼 올라가는 정도는 아니지만 그 절반 정도의 시간이 느껴지는 회색의 낮은 스카이라인과 정리 안 된 자연. 여전한 적막함. 그를 모조리 관통하는 영하를 조금 밑도는 차가운 공기와 점점 짙어지는 오렌지빛. 그러자 갑자기 이 모든 것이 마음에 들기 시작했다. 〈본즈 앤 올〉 때문일 수도 있고 파주라는 도시 때문일 수도 있다. 아니면 그 순간 우주는 나에게 겨울의 선물을 준 것일 수도 있다. 수많은 우연을 중첩시키면서 겨울에는 이런 면도 있으니 둘이 잘 해보라며.

내가 겨울을 좋아한 적이 정말 없었나? 20대 초반, 일기장에 차가운 공기가 허파에 들어오는 느낌을 좋아한다고 쓴 적이 있다. 그보다 더 어렸을 때는 맹목적으로 크리스마스 분위기를 사랑했다. 그리고 눈이 있는 풍경을 좋아했다. 그러고 보니 겨울을 좋아한 적이 없었던 건 아니었다. 하지만 나이가 들어 추운 건 추운 거고, 해가 짧아 억울한 건 억울한 거다. 앞으로 3개월의 겨울, 나는 괴로워하며 한 번도 성공하지 못한 남쪽 나라로 가는 휴가를 꿈꿀 것이다. 그 휴가가 점점 묘연해질 때, 〈본즈 앤 올〉을 보고 나온 12월 초, 파주의 오후 5시를 떠올릴지도 모르겠다. 오렌지빛 갈대를 머릿속에 그리며 겨울도 쓸만한 구석이 있다고 잠시 생각할 수 있을 것이다. 그러다 보면 다시 고무줄이 늘어나고 하나둘 실금도 생겨날 것이다. 봄이 올 것이라는 말이다. 겨울이 가고 봄이 오는 길목, 먼저 지나가는 기차를 기다리기 위해 플랫폼에 서 있는 전철이 문 4개를 모두 열어놓기 시작하는 계절. 바람은 아직 차고 호수는 얼어있지만, 볕은 이상하게 따뜻해지는 시기. 기다리는 중이다.

낡은 새해

"서른이 되기 전에 뭐라도 해놔야 합니다." 전 직장을 다닐 때 거래처 직원과 술자리를 함께했는데, 자기에게 사업 아이템이 있다며 같이 해보자는 말이었다. 자세하게 기억나진 않지만 내레이터 모델 에이전시였을 것이다. 그때 나는 28살이었다. 동호회에 나가서 한 살 많은 형에게 "이제 계란 한 판이 됐네?"라는 소리를 들은 적 있다. 아마 내가 서른 살이 되고 나서 첫 모임이었을 것이다. 대학교 동아리 후배 H와 홍대 어딘가의 술집에서 떠들다가 "난 30대가 제일 좋아!"라고 외쳤고, H는 "오빠! 나도!"라고 큰 소리로 동의해줬다. 정확하게 기억나진 않지만, 30대 후반 언저리의 나이였을 것이다. 이상하게도 마흔이 넘어간 다음부터는 나이에 대해 기억나는 순간이 없다. 그러다 갑자기 지금이 되었다. 불쑥 담장 아래서 튀어 올라오는 고양이처럼 예고도 없이, 재빠르게. 그렇게 새해를 맞이하는 중이다.

    40대 후반의 어느 날. 알라딘 중고서점에서 사이토 다카시의 『50부터는 인생관을 바꿔야 산다』라는 책을 샀다. 30대는 어째야 하고 40대는 저째야 하는 그런 책들을 다 패스한 다음 50대에 대한 책을 하나 산 것이다. 산 이유는 하나. 목차를 들추다가 발견한 '여전히 중요한 사람이라는 착각에서 벗어나는 법' 때문이었다. 내가 너무나 중요한 사람이라는 망상에 빠지는, 그러면서도 '나는 그렇게 심한 꼰대는 아니지 않나?'라고 자평하는 어른들은 주위에 널렸다. 그러나 자신 앞에 있는, 자신보다 더 늙은 사람, 더 어린 사람의 의견을 진심으로 경청하는 어른이 되긴 생각보다 어려운 법이다. 이런 문장이라면 이 책에는 쓸만한 말들이 많겠다는 짐작이 있었다. 앞부분을 조금 읽었는데 SNS의 '좋아요'에 연연하지 말란다. 좀 더 쓸만한 다른 소리가 뒤에 나오겠지. 그러길 기대한다. 다른 곳에서 본 어른의 조건 중, 어른은 맛있는 식당 정보를 많이 알고 있어야 한다는 게 있었는데 이건 퍽 그럴듯해 보였다. 어떤 권력도 휘두르지 않고 양질의 유용한 정보를 무해하게 공유할 수 있는 조건이니까.

많은 새해를 거치면서 새해 결심이란 걸 해 본 적은 없다. 기껏해야 '올해는 책을 좀 더 많이 읽어야지'라는 막연한 목표를 세운 게 전부다. 물론 그마저도 뜻대로 되지 않는다. 더구나 요즘은 독서라는 습관 자체가 마치 손안에 든 모래처럼 흩어지고 사라진다. 1년의 계획을 세워 달려간 적도 없다. 생각해보니 대책 없는 삶을 살

앉던 거 같다. 지금 이렇게라도 사는 건 너무나 운이 좋기 때문이겠지. 그러다 올해는 예외적으로 아주 막연하고 희미한, 앞으로의 목표를 만들어봤다. 작년에 생각한 것이었는데 앞으로 다시 맥주를 공부하는 것. 브루잉을 공부해서 퇴직한 다음에는 초마이크로 브루어리를 만들어 나만의 맥주를 제조하고, 그걸 동네 마켓에다 파는 상상. 그리고 빵을 하는 친구와 함께 빵과 맥주 가게를 열고 손님을 받는다는 구상. 그래서 올해는 맥주 공방을 알아보고 있다. 맥주를 만들었던 기억이 완전히 사라지기 전에 다시 브루잉을 하기 위해서. 이만하면 내 인생에서 가장 중장기적이고 또렷한 계획이다. 없던 일이 일어난 셈이다.

새해를 맞이해 처음 마신 맥주는 와일드웨이브 브루어리의 '문라이트'다. 베를리너 바이세 스타일에 캠벨 품종의 포도를 가미한 맥주로 색은 포도주처럼 붉은빛이고 상쾌하다. 탄산이 세다.

베를리너 바이세는 말 그대로 베를린 지역에서 만드는 바이스비어다. 밀 맥아가 들어간다는 말이다. 그러나 일반 맥주 효모로 발효시키지 않고 유산균으로 발효시켜 젖산을 만들어내는 특이점이 있다. 그래서 신맛이 강하다. 그냥 마시면 아무것도 넣지 않은 정말 신 레모네이드를 먹는 느낌이라고도 하던데, 향을 더하지 않은 베를리너 바이세를 먹어보지 않은 나로서는 상상이 되지 않는다. 그러나 독일 현지에서도 베를리너 바이세를 주문하면, "라즈베리 시럽? 선갈퀴 시럽?"하고 묻는다고 한다. 라즈베리 시럽을 넣으면 붉은 맥주가, 선갈퀴 시럽을 넣으면 녹색 맥주가 탄생하고 거기에 놀랍게도 빨대를 꽂아 서빙된다는 것이다. 독일인들에게도 시럽을 넣지 않은 베를리너 바이세라는 것은 상상하지 못한다고 한다. 그러니까 맥주라기보다는 과일 시럽과 함께 마시는 에이드 같은 느낌의 맥주인 것이다. 알코올도 3%대로 아주 낮아 여름날 갈증을 해소하기 위해 즐기는 저도수 맥주라고 생각하면 되겠다.

'문라이트'는 그보다는 높은 5.5% 도수를 자랑한다. 라즈베리도 아니고 선갈퀴도 아닌 국산 포도를 사용한 것이 또 하나의 차별점이다. 다 마시고 나니 특유의 오묘한 효모 향이 난다고 생각했는데 알고 보니 그것이 젖산 향일 수도 있겠다 싶다. 그러고 보니 유산균을 넣어 기껏 매우 신 맥주를 만들어놓곤, 거기에 과일 시럽을 섞어 그걸 다 덮는 달콤한 맛으로 먹는 맥주라. 이 아이러니는 시작이지만 늙었고, 낡았지만 시작인 이번 새해와 꽤 어울릴지도 모른다는 생각이 들었다.

몇 개월 후, 나는 과연 새해 결심을 지켜 맥주 양조를 배우고 있을까. 불행히도 가능성은 높지 않을 것 같다.

하늘빛 분홍빛 부천 원미동

오래전, 부천에 산 적이 있다. 부모님이 아파트 분양을 받았는데, 입주하기 전 몇 개월 타이밍이 맞지 않아 근처 어떤 집의 뒷방에 세를 살았다. 초등학교를 들어가기도 몇 년 전이니 너무 오래전 일이라 그 집에 대해 기억나는 건 거의 없지만, 집 근처 길이 질척해 비라도 온 뒤에는 징검다리를 만들어 건널 때가 있었고, 바로 앞 큰 도로에는 차가 많이 다니니 절대로 그 길을 건너지 말라는 주의를 늘 들었다. 그래서 그 길이 어린 나에게는 엄청나게 대단하고 크고 위험하게 인식되었다는 것이 지금도 기억난다. 동네 형, 누나들을 따라 금기를 깨고 딱 한 번 건너갔다 온 적이 있었던가(그래서 발각되어 혼났던가), 아니면 끝까지 약속을 잘 지킨 착한 어린이였던가, 그건 불확실하다.

한 가지. 지금도 간혹 극장에서 처음 본 영화가 무엇이냐는 질문을 주고받을 때가 있는데, 바로 여기가 내 첫 극장 영화를 가능케 한 집이었다는 건 확실하다. 주인집 딸이 동네 어느 극장 매표원이었고, 그래서 새로운 영화가 개봉하면 우리 가족에게 공짜 극장표를 주곤 했다. 그렇게 내 생애 최초로 극장에서 본 영화는 〈벤지〉였다. 영화 내용이나 털북숭이 개 모습은 그 당시가 기억나는 건지, 나중에 다시 TV에서 봤던 것이 기억나는 건지 모르겠지만, 엄마 손을 잡고 극장 앞에 서서 올려봤던 간판 그림의 기억은 또렷하다. 납치된 남녀 아이 두 명이 입에 긴 천을 재갈처럼 문 채 괴로워하는 표정이 있던 그림을 확실히 기억한다. 생각난 김에 옛날 신문 기사 DB를 검색해 도대체 〈벤지〉가 언제 개봉한 영화인지 찾아보니, 1976년 연말이라고 한다. 내가 간 부천의 극장은 제2 개봉관쯤이었으니 1977년의 어느 날이었을 텐데, 참으로 오래전 일을 용케 기억하고 있다.

아마 그해쯤 원미아파트가 다 지어졌고, 우리 가족도 아파트로 이사할 수 있었다. 알고 보니 그 아파트는 엄마가 그렇게 건너지 말라고 말했던 그 길을 건너야 갈 수 있는 곳이었다. 절대로 건너서는 안 되는 길인 줄 알았는데 그렇게 쉽게 넘을 수 있는 곳이었다니, 또는 그걸 건너야만 새로운 집에 갈 수 있는 거였다니, 어린 나이에도 뭔가 허탈감이 들었던 것 같다.

원미아파트부터는 기억이 제법 많다. 그 후로도 꽤 오래 왕래가 있었던 친구들도 기억나고, 어떤 그림책을 보며 놀았는지도 어렴풋이 머리에 남아있다. 친구 집에 갔는데 친구가 잠깐 나갔다고 해서 기다리며 친구 엄마에게 잘 보이려고 의자에 꼿꼿이 앉아 책을 읽는 척했던 기억, 여자아이 두 명이 있던 집에 놀러 갈 때는 반드시 신발을 벗은 후 양말을 털고 들어갔어야 했던 규칙의 기억, 아파트 안에서 길을 잃어 처음이자 마지막으로 아파트 방송에 내 이름이 울려 퍼졌던 기억까지. 그리고 엄마와 올랐던 아파트 바로 뒤, 복숭아 과수원이 있던 원미산에 대한 기억도 있다. 봄이면 진달래와 복숭아꽃이 많이 피었던 그곳에 자주 올랐던 것 같다.

그러다 학교에 들어갈 나이가 되자 우리 집은 내 교육을 위해 서울로 이사를 했다. 원미아파트에서는 2년 정도 살았지만 당시 나에게는 평생에 맞먹는 세월이었고, 그렇게 부천은 나에게 예닐곱 살의 좋은 기억을 만들어줬다. 그 나이에 고뇌와 번민이 있었을 리 만무하지만, 유독 부천은 나에게 하늘색과 분홍빛으로 기억된다. 그 이후 여러 동네를 살았지만 어쩐 일인지 부천만 그렇다. 그러나 그 이후 부천 원미동을 다시 간 적은 없다.

친구 S와 술을 먹다 부천 이야기가 나왔다. S는 부천에서 고등학교까지 나왔다. 그런데 그 친구가 원미동에 살았다는 것은 그날 처음 알았다. 내가 원미아파트에 살았다고 하니, 자기도 안다며, 자기는 그 근처 동네에 살았는데 원미아파트의 놀이터에 놀러 가던 꼬마였다고 했다. 어차피 동갑이니 어쩌면 수십 년 전 그곳에서 마주치거나 혹은 같이 놀았을 수도 있겠다고 웃어대며 소주잔을 기울였다. 심지어 S는 내가 계속 부천에 살았으면 다녔을 부천북초등학교를 나왔다고 했다. S도 만난 지 20년이 넘은 사이인데, 이런 이야기는 처음 하다 보니 서로 신기해하면서 술김에 지도앱을 꺼내 원미아파트가 있던 곳을 찾아보기도 했다.

부천에서 서울로 이사를 온 동네는 서울에서도 구석진 곳이었다. 그리고 그곳은 굳이 두어 번 찾아간 적이 있다. 기억나는 골목도 있고, 가게도 있고, 다니던 학교도 그대로 있었다. 그러면서도 부천은 부천국제판타스틱영화제를 종종 찾았고, 한때 부천에 위치한 모 기관에 업무차 자주 들른 적이 있지만 이상하게도 그 김에 원미동을 가보겠다고 생각한 적은 없다. 아마도 부천 원미동은 나에게 여전히 하늘색과 분홍빛으로 물들어 있는 현실의 공간이 아니라고 은연중에 생각했는지도 모르겠다.

그런데 친구 S와 앱을 켜고 아직도 실존하는 부천북초등학교를 지도 위에서 보고, 원미아파트 위에 새로

지어진 아파트를 로드맵으로 보고 있자니, 그제야 가볼 수도 있는 곳이라는 생각을 할 수 있었다. 어머니께도 친구 S 이야기를 하니, 문득 원미동을 가보고 싶다고 하셨다. 한번 가죠. 뭐. 그렇게 시원하게 답을 한 후 몇 개월이 흘렀다. 겨울이 지나고 가면 되겠지 싶은 핑계였다. 그러다 마침 겨울이 물러난 요즘, 오랜만에 부천 모기관에 업무차 다시 갈 일이 생겼다. 담당자 메일을 보니 일이 일찍 끝날 것 같다. 어차피 차를 가지고 갈 테니 원미동 사전 답사를 해볼까. 예전에는 하지 않았던 계획을 세워본다.

아직도 복숭아꽃을 볼 수 있는 동산이 남아있을까. 그 동산을 그림으로 그려 어린이 잡지에 실린 적도 있는데, 남아있다면 복숭아꽃이 피는 계절에 가면 좋을 것이다. 마침 어머니가 예전부터 인천 차이나타운 중국집을 가보고 싶다고 하셨으니 두 곳을 한 번에 다녀오면 되겠다. 마음만 먹으면 멀지 않은 곳인데 이런저런 핑계와 게으름으로 가지 못한 곳을 이번 봄에는 어머니 모시고 한번 다녀와야겠다.

부산, 맥주, 봄

부산 여행은 겨울을 피하는 데 확실한 효과가 있다. 어느 해인가 1월 부산 출장 중 광복동 카페의 야외 테라스에서 C와 함께 커피를 마셨던 기억은 상당히 강렬하게 남아있다. 당시 기온은 섭씨 15도, 초현실적인 온도였다. 그만으로도 부산은 나에게 위안을 주는 도시로 손색이 없다. 그래서 2월 혹은 3월 초, 때때로 부산 여행을 계획한다. 연초의 바쁜 것들을 대강 해치우고 서울의 겨울을 피하는 셈이다. 올해 2월도 그런 여행을 D와 함께 떠났다. 서울보다 많이 따뜻하길 바라며. 겨울이긴 하지만 아무튼 햇빛이 쏟아지길 바라며. 그리고 또 하나의 콘셉트가 있었으니, 그건 1일 2펍 투어였다. 최종적으로 4박의 일정 동안 최종 7개의 펍을 방문했으니 거의 목적을 달성했다고 볼 수 있다.

우선 짧게 언급하고 넘어갈 펍부터 이야기하자. 부산에 올 때마다 해운대를 그렇게 돌아다녔는데 해운대 한복판에 갈매기브루잉이 있다는 건 이번 여행에서 처음 알았다. 그리고 고릴라브루잉도 갈매기와 함께 부산을 대표하는 오래된 크래프트 맥주 브랜드인데, 광안리에 여러 번 갔어도 이렇게 넓은 펍이 있었다는 걸 역시 처음 알았다. 갈매기와 고릴라에는 맛있는 맥주도 있고

(갈매기브루잉의 새로운 뉴잉이 좋았다), 특별히 나쁜 점을 발견하지는 못했지만 어딘가 에너지는 빠져있는, 조금은 쇠락한 느낌이었다. 그리고 음식에 별다른 공을 들이지 않고 맥주만 내놓는 펍에 점점 질리고 시효가 다하는 느낌이랄까. 두 곳 모두 나에겐 그렇게 다가왔다. 고릴라브루잉에서 멀지 않은 곳에 인천을 기반으로 하는 칼리가리 박사의 밀실 펍이 있었다. 되려 이곳이 조금 더 활기찼다.

    이번 부산 여행에서 발견한 또 하나의 펍은 해운대 기네스다. 가게는 넓지 않았고 특유의 펍 분위기가 나는 어둑한 조도에 벽에는 다트가 걸려 있고, 바에는 주인장과 친한 것 같은 외국인 손님이 한 명 있었다. 외국인 손님까지 포함해 아주 전형적인 펍의 분위기를 풍기는 이곳은 기네스 마스터 퀄리티 인증을 받은 곳이기도 하다. 그 인증패를 보지 않더라도 기네스를 따르고 119.53초의 공인된 서징(기네스의 질소 기포가 대류현상을 일으키며 최적의 맛을 만드는) 시간을 거친 다음 서빙된 맥주를 마시는 순간, 관리가 상당히 잘 되어있다는 걸 단번에 느낄 수 있다. 앞으로 일정이 많이 남아있고 숙소에서 가까우니 또 올 수도 있겠다 생각했지만 결국 다시 가진 못했다. 계획이란 늘 무력하다. 그러나 다음 부산 여행 혹은 출장이 있을 때 다시 가고 싶은 펍으로 머릿속 메모를 끝냈다. 아마도 올해 부산국제영화제를 가게 된다면 유효한 메모가 될 것이다.

영화제 출장이나 바다를 목적으로 부산을 찾는다면 전포동은 잘 가게 되지 않는 동네다. 서면으로 잘 알려진 이곳에는 상당히 넓은 구역에 젊은 가게들이 가득 들어차 있다. 그 안에는 흥미로운 펍도 있었는데 그중 처음 들른 곳은 비어샵이다. 지도앱을 보면서도 어디로 가야 하는 걸까 두어 번 망설이며 좁은 골목에 들어서니 비로소 찾을 수 있었다. 가게에는 길쭉한 홀이 보였고 그 너머에는 작은 마당이 있었다. 아직은 밖에서 맥주를 마시기 추운 계절이지만, 날이 따뜻하면 느긋하게 볕을 즐기며 맥주를 마시기 좋을 것이다.

이곳은 맥주도 맥주지만, 안주로 내놓은 루벤과 파스트라미가 훌륭했다. 모두 파스트라미햄을 햄버거 번에 가득 넣고 각각의 레시피로 만든, 그러니까 간단히 말해 햄버거 같은 안주인데, 둘 다 육미가 입안에 가득 찬다. 전포라거, 이태원페일에일과 같은 맥주를 마시며 루벤과 파스트라미를 함께 먹는 만족도는 무척 높다. 이제는 펍도 음식의 품질이 높아야 한다. 경리단길 맥파이에서 그릴드 치즈 샌드위치와 맥주를 맛있게 먹었던 기억도 분명히 있지만, 시간이 지나면서 맥주만큼 음식의 버전업을 원하게 되는 건 어쩔 수 없다. 그런 의미로 비어샵은 훌륭했다. 파스트라미햄을 사발면 위에 얹어주는 파스트라미 컵라면도 파는데, 파스트라미의 불 향이 육개장 사발면 국물에 스며들어 기대보다도 맛있었고 맥주와도 잘 어울렸다. 그리고 이 곳에는 여러 개의 냉장고에 다양한 캔맥주가 가득하다. 맥주를 걸치고 살짝 판단력이 흐려진 맥주 애호가들은 틀림없이 이곳에서 맥주 쇼핑까지 한 다음 출구를 통과할 것이다. D와 나 역시 그랬다. 심지어 한 캔에 2만 원이 넘는 맥주를 사버렸다.

비어샵에서 조금 걸으면 프리츠프리츠라는 또 다른 펍이 있다. 어두운 공간에 들어가 동공이 적응하자마자 온갖 잡동사니 같은 물건이 엄청 보이는, 그러니까 주인장의 다양한 덕력을 시각적으로 확인할 수 있는 곳인데, 주인장은 우리가 들어가기 전까지 한쪽 테이블에서 레고 에펠탑을 조립하고 있었다. 손님을 응대하고 서빙하면서도 틈틈이 그 자리에 앉아 정말 꾸준히 에펠탑을 세우고 있는 그런 주인장이 있는 프리츠프리츠는 나의 지론을 잠시 뒤로 밀어둬야 하는 예외적인 펍이라 할 수 있다. 안주는 별 의미가 없다는 말이다.

다만 주인장의 덕력으로 큐레이션한 다양한 맥주를 드래프트로 마시고 싶다면 여기만 한 곳이 없을 것이다. 가장 재미있었던 것은 오늘의 맥주였다. 메뉴판 1페이지에 굵은 폰트로 라거, IPA, NEPA(뉴잉글랜드 페일 에일), 스타우트, 임(페리얼) 스(타우트)가 쓰여있고 그 옆에는 용량(mL)과 가격 정보만 적혀있다. 뉴잉글랜드 페일 에일을 네파로 적은 거나, 임페리얼 스타우트를 임스로 적은 거나, 그만으로도 이미 맥덕이다. 오늘의 맥주는 이렇게 스타일만 제시하고, 그때그때 다른 브루어리의 맥주를 제공한다고 한다. 그래서 물어보면 라거부터 임스까지 그 정체가 무엇인지 속사포 같은 주인장의 설명이 이어진다. 이날의 라거는 완벽한인생 브루어리의 라거였고, NEPA는 크래프트브로스의 원더페일에일이었다. 한 달 후에 방문하게 되면 같은 스타일의 다른 브루어리 맥주를 마실 수 있는 거겠지.

메뉴판의 다음 장을 넘기면 낯설고 비싼 맥주들이 가득한데, 처음에는 이것들이 모두 캔이나 병으로 서빙되는 줄 알았으나 놀랍게도 탭 서빙, 그러니까 모두 드래프트였다. 거의 30종의 맥주들을 어떻게 관리하는지 알 수 없으나, 아무리 봐도 에펠탑을 조립하는 주인 혼자 운영하는 곳인데, 어떤 초능력으로 가능한지 가늠이 안 된다. 그러니까 자체 브루잉 맥주에 대한 욕심 없이 다양하고 찾기 힘든 맥주를 마시고 싶다면, 프리츠프리츠가 정답이다.

부산에 온 지 4일째 되는 날이자 여섯 개의 펍을 클리어한 다음 날. 여행 일정 중 날씨가 가장 좋았다. 2월 초였지만 거의 봄날이었고 우리는 수영만 요트경기장에서 청사포까지 걸었다.

미포에서 송정까지 관광열차가 들어서면서 그 길을 따라 바다 옆을 걸을 수 있다. 청사포까지 달맞이 고개를 넘는 수고를 하지 않아도 되지만 인파와 함께 걸어야 하는 번거로움은 감수해야 한다. 걸으면서 간간이 설치된 전망대로 빠져나가면 해운대와 동백섬, 그 뒤로 광안대교까지 전망이 좋다. 그렇게 도착한 청사포도 이미 카페에서 카페로 이어지는 길목으로 관광객들이 가득했다. 택시를 불러 이번 여정의 마지막 펍, 툼브로이로 향했다. 송정까지 걷기는 조금 무리였으니까.

툼브로이는 송정의 터줏대감 브루어리인 와일드웨

이브가 빠져나간 후 외로이 송정을 지키는 곳인데, 여기는 독일 맥주를 내놓는다. 그냥 독일 맥주도 아니고, 독일의 유서 깊은 툼브로이 브루어리가 있는데, 그 6대손이 부산 송정에 와서 직접 양조하는, 듣기만 해도 뭔가 대단해 보이는 그런 곳이다. 누군가의 말마따나 눈에 잘 띄는 것 같지만 동시에 눈에 잘 안 띄는 이곳은, 대로변에 노란색 컨테이너 건물로 지어져 돋보이긴 하지만, 펍으로는 잘 보이지 않아 그냥 지나치기 쉽다. 2층에 올라가 컨테이너 문을 열면 홀이 나오는 데 컨테이너이긴 하나 묘하게 유럽의 가정집을 꾸며놓은 듯한 느낌이다. 물론 유럽의 가정집을 방문한 적은 없다. 이곳의 맥주를 두 번의 샘플러를 통해 모두 먹기로 했다. 안주는 슈니첼과 굴라쉬.

한창 아메리칸 IPA를 들이키던 사람들이 향긋한 아로마에 질릴 때쯤, 그들이 이동할 세 가지 정해진 경로가 있다고 한다. 하나는 라거. 다시 테라나 카스로 넘어가는 맥주의 유턴. 내 주위에는 이런 사람들이 가장 많다. 이들에겐 IPA의 피로도가 심했을지 모르겠다. 두 번째 길은 사우어 맥주 여정이다. 고제, 람빅 같이 신맛이 강한 맥주에 진입하는 건데, 모든 맛의 정점에는 '신맛을 즐길 줄 알아야'가 있는 것 같기도 하고, 그래서 그 길로 오르는 사람들일 것이다. 나도 고제를 좋아하긴 하는데, 신맛의 날카로움이 너무 쩅한 맥주는 여전히 쉽지 않다. 로컬의 자연환경에 노출되어 그 지역의 미생물로 발효되는 와일드 비어도 신맛이 강한데, 아직 나는 오르지 못한 산이다. 마지막 길은 IPA로 피로함을 느끼는 게 아닌, 이젠 맹숭맹숭해서 더 독한 걸로 가겠다는 사람들. 묻고 더블로 가는 이들은 더블 IPA의 길을 걷는다. 홉을 더 넣어 향도 세고 도수도 센 이런 맥주는 딱 한 잔만으로도 제법 취한다.

독일 맥주를 즐기는 것은 이 중 첫 번째 길과 닿아 있다. 다양한 스타일의 맥주들이지만 툼브로이에서 마실 수 있는 헬레스와 둔켈은 모두 라거 계열이다. 홉의 화려한 향보다는 맥아의 느낌이 더 와 닿는다. 그리고 덜 자극적이다. 혀와 코가 쉬면서도 품질 좋은 맥주를 마실 수 있다. 안주로 나온 굴라쉬와 슈니첼도 모두 좋았고, 가본 적 없는 유럽 가정집이 생각나는 컨테이너 홀에는 한참 동안 아무도 없었다.

날은 여전히 따뜻했다. 몸에는 알코올이 차올랐다. 나른하고 고요한 봄날 같은 오후가 지속됐다. 2월 초는 동지가 지난 지 한 달 반도 안된 시기라 오후의 빛은 이미 많이 기울었고, 조금 있으면 저녁이 될 것 같았다. 하지만 지난해 12월 초 〈본즈 앤 올〉을 보고 난 후, 파주에서 봤던 햇빛과는 사뭇 달랐다. 파주와 부산이라는 지역의 다름도 있겠고, 동지와의 거리라는 시간의 다름도 있겠지만, 무엇보다 '겨울로 진입하는 것'과 '겨울을 빠져나오는 것'이라는 차이가 클 것이다. 실제로 이번 겨울, 나는 파주의 저녁을 몇 번 떠올렸다. 그렇게 겨울을 견딘 후 올봄을 처음으로 송정에서 맞이하고 있다. 물론 여행이 끝나고 도착하는 김포공항은 다시 겨울일 것이다.

D와 나는 이번 부산 여행에서 가장 좋았던 펍으로 툼브로이를 꼽았다. 기본적으로 맥주와 안주가 훌륭하기도 했고, 독일 맥주의 편안함도 좋았지만 그날 비로소 봄을 맞이했다는 것이 큰 이유가 아니었을까, 돌이켜보면 그런 생각이 든다.

에필로그 **쿠키**

이 책의 글은 12월에서 시작해 1년을 빙 돌아 겨울을 건너 봄이 오는 길목까지 계절 순으로 연결되어있다. 모든 글에 계절이 담겨있지는 않지만, 최대한 그렇게 읽히도록 순서를 정했다. 독자가 책을 통해 시간이 흐르는 것을 느꼈으면 하는 마음이었다.

하지만 이 글들이 모두 1년여 동안 쓰인 건 아니다. 3년이 조금 넘는 시간이었다. 그러니까 어떤 가을 이야기는 어떤 여름 이야기보다 먼저 일어난 일일 수도 있다. 중간에 오랫동안 아무것도 쓰지 못하고 멍때리던 기간이 길었다. 아무튼, 그런 시간이 흘렀고, 겨우 끝을 만났다. 중간중간 당근과 채찍을 적절히 제공해준 편집자 N의 덕이다.

글에서 '회사'라고 언급한 곳은 '한국영상자료원'이라는 공공기관이다. 오래 몸담고 있는 곳이고, 글을 쓰는 기간 중 한 번의 보직 이동이 있었다. 결국 〈에브리씽 에브리웨어 올 앳 원스〉는 회사가 운영하는 극장, 시네마테크KOFA에서도 상영했다. 관객들과 왁자한 분위기 속에서 영화를 한 번 더 보고 싶었는데, 어쩐 일인지 객석은 너무 조용하고 근엄했다. 아쉬워라. 왜 그랬을까! 또 '이 영화의 수상 레이스를 응원한다'는 문장으로 글을 마무리했는데, 이후 〈에브리씽 에브리웨어 올 앳 원스〉는 아카데미상을 비롯해 주요한 시상식에서 많은 상을 받으며, '역사상 가장 많은 상을 받은 영화'라는 타이틀을 달게 되었다. 이런, 응원이 너무 과했나 보다.

기왕 이야기가 나온 김에 영화의 엔딩 크레딧 쿠키처럼 몇 가지 후일담을 좀 더 풀어보겠다.

전주에는 한 번 더 갔다. 이번에는 오선모 옛날 김밥을 발굴했으니 전주 여행 계획이 있는 분들에게 적극 추천한다. 당근이 많이 들어간 김밥인데 먹자마자 또 먹고 싶어진다. 매장 안에는 현수막이 하나 걸려있으니 '제발 전화하지 말고 그냥 오세요.' 그런 내용이다. 그러니 오선모 옛날 김밥을 가고자 하는 분들은 그냥 가시면 된다. 조금 특이한 영업시간만 확인하시라. 물론 노매딕 브루잉 컴퍼니도 방문했다. 맥주 라인업은 바뀌어 있었고 더 이상 피자를 굽지 않았다. 그래서 어니언 링만 잔뜩 시켜 먹었다. 놀랍게도 노매딕 주인장은 딱 1년 만에 간 나를 알아봐 줬다. 여전히 손님이 많은 곳임에도.

모처럼의 새해 결심이었던 맥주 브루잉 수업은 결국 듣지 못했다(내 그럴 줄 알았다). 그러기에는 일도 많고 글도 써야 하고, 그런 말도 안 되는 핑계를 늘어놔 본다. 부천 원미동도 아직 어머니를 모시고 가지 못했다. 다만 사전 답사는 했다. 원미아파트가 있던 곳에 새로 들어선 아파트도 이미 20년이 넘은 낡은 아파트가 되어 있었다. 아파트 앞 넓고 위험한 도로는 왕복 2차선의 좁은 길이었다. 아직 개발되지 않은 곳이라 어렴풋이 몇몇 공간이 낯익은 느낌이었다. 원미산의 복숭아 과수원은 발견하지 못했지만, 조금 더 내려가니 진달래 축제를 하는 곳이 있었다. 매년 3월 축제를 연다고 한다. 아리 애스터의 〈보 이즈 어프레이드〉는 2023년 7월, 국내 개봉이 확정되었다. 이란희 감독의 〈휴가〉는 여전히 왓챠에서 서비스 중이다. 백승빈 감독의 〈안녕, 내일 또 만나〉는 2023년 하반기 일반 개봉을 계획 중이라 한다. 역시 응원한다. 이번에도 과한 응원이 통할 수 있기를.

19세기, 영국이 인도를 식민지로 삼았던 시기. 인도에 거주했던 영국인들은 그들의 본토에서 양조한 맥주를 너무나 마시고 싶었지만, 영국에서 인도까지 운송하는 사이, 도수 낮은 맥주들은 모두 변질되고 말았다. 그래서 방법이 없을까 궁리하다가 홉을 대량으로 쏟아 부어 좀 독하고 향도 짙지만 동시에 방부 효과가 있어 인도까지 무사히 갈 수 있는 맥주를 만들게 된 것이다. 그것이 바로 인디아 페일 에일, 즉 IPA이다. 페일 에일 앞에 굳이 '인디아(인도)'가 붙은 이유다. 이것이 내가 86번째 이야기하는 IPA의 유래가 되겠다.

어느덧 볕이 뜨거워지는 5월이다. 그리고 완벽한 맥주가 기다리는 6월이 오는 중이다.

여름 맥주 영화

© 유성관, 2023

초판 1쇄 발행 2023년 6월 28일

지은이	유성관
펴낸이	김남규
편집	유정하
펴낸곳	일토
출판등록	2014년 7월 8일 제2022-000337호
전화	02-577-2846
팩스	02-6280-2845
전자우편	southkim.edit@gmail.com
ISBN	979-11-956119-6-6

이 책의 내용을 재사용하려면 반드시 사전에
저작권자와 일토 양측의 서면 동의를 받아야 합니다.

인쇄, 제작 및 유통 과정에서의 파본 도서는
구입처에서 교환해드립니다.